景颇族是迁徙而来的民族。今天居住在中国西南边境，中国与缅甸交界地带的高黎贡山尾脉山区苍苍莽林中的景颇族，并非云南的原住民族。据历史传说和汉文史籍记载，景颇族是氐羌族群的后裔，他们的祖先曾经是青藏高原的居民，为了寻找理想的生存之地，而踏上了寻找“好地方”的漫长之旅。

国家出版基金项目
NATIONAL PUBLICATION FOUNDATION

走近中国少数民族丛书
主 编/丹珠昂奔

景颇族
Jingpozu

金黎燕 著

辽宁民族出版社

图书在版编目（CIP）数据

景颇族 / 金黎燕著. —沈阳：辽宁民族出版社，2014. 12
（走近中国少数民族丛书 / 丹珠昂奔主编）
ISBN 978-7-5497-0941-0

Ⅰ. ①景…　Ⅱ. ①金…　Ⅲ. ①景颇族 — 民族历史 — 中国 ②景颇族 — 民族文化 — 中国　Ⅳ. ①K285.9

中国版本图书馆CIP数据核字（2014）第310602号

走近中国少数民族丛书·景颇族
ZOUJIN ZHONGGUO SHAOSHUMINZU CONGSHU·JINGPOZU

丛书策划 / 李凤山

出版发行者：辽宁民族出版社
地　　址：沈阳市和平区十一纬路25号　邮编：110003
印 刷 者：沈阳市北陵印刷厂有限公司
幅 面 尺 寸：170mm×240mm
印　　张：12.25
字　　数：180千字
出 版 时 间：2014年12月第1版
印 刷 时 间：2014年12月第1次印刷
责 任 编 辑：李凤山　吴昕阳　张学林
封 面 设 计：杜　江
责 任 印 制：杨　雪
责 任 校 对：边京爱　林　华

标准书号：ISBN 978-7-5497-0941-0
定　　价：38.00元

法律顾问：陈　光　　举报电话：024-23284336

邮购电话：024-23284335

联系电话：024-23284340
网　　址：www.lnmzcbs.com　　淘宝网店：lnmz2013.taobao.com

《走近中国少数民族丛书》编辑委员会

《走近中国少数民族丛书》作者名录

《蒙古族》 萨仁图娅（蒙古族）
《回族》 许宪隆（回族） 张龙（汉族）
《藏族》 丹珠昂奔（藏族）
《维吾尔族》 艾克拜尔·吾拉木（维吾尔族）
买力克·买买提（维吾尔族）
伊利迪尔（维吾尔族）
《苗族》 石莉芸（苗族） 李云兵（苗族）
《彝族》 陈国光（彝族）
《壮族》 黄佩华（壮族）
《布依族》 周国炎（布依族）
《朝鲜族》 黄有福（朝鲜族）
《满族》 于今（满族）
《侗族》 杨筑慧（侗族）
《瑶族》 玉时阶（壮族）
《白族》 董建中（白族）
《土家族》 罗中（土家族） 罗午（土家族）
《哈尼族》 朱志民（哈尼族） 李泽然（哈尼族）
《哈萨克族》 艾克拜尔·米吉提（哈萨克族）
伊拉达·拉音别克（哈萨克族）
《傣族》 赵瑛（傣族）
《黎族》 罗文雄（黎族）
《傈僳族》 鲁建彪（傈僳族） 欧光明（傈僳族）
《佤族》 郭锐（佤族）
《畲族》 钟亮（畲族）
《台湾少数民族》 林华（台湾少数民族）
《拉祜族》 苏翠薇（拉祜族）
《水族》 韦学纯（水族）
《东乡族》 马兆熙（东乡族） 马自祥（东乡族）
《纳西族》 白庚胜（纳西族） 孙淑玲（汉族）
白羲（纳西族）
《景颇族》 金黎燕（景颇族）
《柯尔克孜族》 阿地里·居玛吐尔地（柯尔克孜族）
《土族》 祁进玉（土族） 东永学（土族）
《达斡尔族》 毅松（达斡尔族）
《仫佬族》 黎学锐（仫佬族） 黎炼（仫佬族）
《羌族》 雍继荣（羌族） 罗吉华（羌族）
周发成（羌族）
《布朗族》 陶玉明（布朗族）
《撒拉族》 马成俊（撒拉族） 马建新（撒拉族）
《毛南族》 韩德明（汉族）
《仡佬族》 周小艺（仡佬族）
《锡伯族》 阿苏（锡伯族） 盛丰田（锡伯族）
何荣伟（锡伯族）
《阿昌族》 们发延（阿昌族） 张斯齐（蒙古族）
《普米族》 朱凌飞（汉族） 杨周明（普米族）
《塔吉克族》 西仁·库尔班（塔吉克族）
阿力木江·西仁（塔吉克族）
《怒族》 李月英（傈僳族） 张芮婕（傈僳族）
《乌孜别克族》 吾尔买提江·阿布都热合曼（乌孜别克族）
《俄罗斯族》 乃珂热曼·依布拉音（塔吉克族）
《鄂温克族》 黄任远（汉族） 那晓波（鄂温克族）
《德昂族》 袁丽华（汉族） 王燕（汉族）
《保安族》 马少青（保安族）
《裕固族》 董蒲红（裕固族） 王政德（藏族）
《京族》 吕俊彪（汉族）
《塔塔尔族》 卡米力·库尔马尤夫（塔塔尔族）
《独龙族》 李金明（独龙族）
《鄂伦春族》 王为华（汉族）
《赫哲族》 黄任远（汉族）
《门巴族》 陈立明（汉族） 张媛（汉族）
《珞巴族》 陈立明（汉族） 李锦萍（汉族）
《基诺族》 朱映占（汉族）

总序

中国是一个统一的多民族国家，几千年来，有着悠久历史和灿烂文化的少数民族，与汉族一道，在中华大地上繁衍生息，共同开发着这块土地，建设、发展、捍卫着这个古老而伟大的国家。各民族都是兄弟，相互离不开，都是这个国家的主人。习近平总书记在第二次中央新疆工作座谈会上发表重要讲话，指出："要坚定不移坚持党的民族政策、坚持民族区域自治制度。民族团结是各族人民的生命线。要高举各民族大团结的旗帜，在各民族中牢固树立国家意识、公民意识、中华民族共同体意识，最大限度团结依靠各族群众，使每个民族、每个公民都为实现中华民族伟大复兴的中国梦贡献力量，共享祖国繁荣发展的成果。各民族要相互了解、相互尊重、相互包容、相互欣赏、相互学习、相互帮助，像石榴籽那样紧紧抱在一起。要在各族群众中牢固树立正确的祖国观、民族观，弘扬社会主义核心价值体系和社会主义核心价值观，增强各族群众对伟大祖国的认同、对中华民族的认同、对中华文化的认同、对中国特色社会主义道路的认同。"因此，坚持平等、团结、互助、和谐的社会主义民族关系，不断增进了解、紧密关系，深化友谊、建立牢不可破的感情基础，是中国社会转型期、改革攻坚期、矛盾多发期保持社会稳定、发展的基本要求，也是实现中华民族伟大复兴的中国梦的基本要求。

为了进一步宣传我国少数民族的历史文化和民族风情，增强对少数民族的认识，宣传党的民族政策和方针，加强各民族之间的了解与沟通，让读者了解少数民族文化，加深对我党民族政策的理解，中华人民共和国国家民族事务委员会文化宣传司和辽宁民族出版社共同策划了《走近中国少数民族丛书》。

依据上述原则，《走近中国少数民族丛书》的编写有以下三个特点：第一，采用图文并茂的形式、鲜活生动的语言、特色浓郁的图片以及丰富的民族常识链接，向读者展示我国55个少数民族的历史渊源、民族变迁、社会生活、文化艺术、风俗习惯、历史人物和民族区域自治政策的伟大实践。第二，作者多为本民族专家学者和与民族研究工作相关的专家学者，对自己撰述的对象既有深厚知识积累，也有真挚情感。第三，内容彰显了历史与现实、民族文化与地域文化、民族区域自治地方与散杂居地区少数民族生产生活的多彩画卷和轨迹，引导读者走近少数民族，聆听他们的古老传说，感受他们的发展变化，加深彼此的沟通和了解。这套《走近中国少数民族丛书》是面向民族干部和各级干部通览我国少数民族概况的普及读本，也是图书馆必备藏书。

《走近中国少数民族丛书》所揭示的每一个民族的历史，都承载着这个民族的文化，也承载着这个民族的发展和未来。中华大地孕育的55个少数民族多彩斑斓的民族文化，同汉族文化一道从远古走到今天，汇入了中华文化壮阔的历史长河。"共同团结奋斗，共同繁荣发展"，保护、传承和弘扬少数民族优秀文化，不仅是推动我国民族团结进步事业的重要内容，也是构建和谐社会、实现中华民族伟大复兴的中国梦的重要使命。期待通过《走近中国少数民族丛书》，使广大读者徜徉于少数民族多彩风情的同时，更加深刻地了解和认知中华民族多元一体的文化内涵，感受中华民族悠悠历史的深远与厚重。

丹珠昂奔

2014年6月26日

前言

景颇族 崇勇尚和的民族

景颇是一个历史悠久的民族。据汉文史籍记载，早在先秦时期，云南的广大区域就已经有氐羌系统的部落分布。据《史记·西南夷列传》记载，先秦时期，包括云南在内的西南的部落“皆氐类”。“氐”，是“羌”的一个分支。秦汉时期，迁徙到云南、贵州和四川的古氐羌族群被称为“西南夷”，据魏晋南北朝时期的文献《华阳国志》记载，西南夷的大多数部落也是“氐类”。民族史学者们认为，从古代各部落活动的地域而言，这些“皆氐类”的众多部落中就包括有景颇族的先民。

景颇是迁徙而来的民族。今天居住在中国西南边境，中国与缅甸交界地带的高黎贡山尾脉山区苍苍莽林中的景颇族，并非云南的原住民族。据历史传说和汉文史籍记载，景颇族是氐羌族群的后裔，他们的祖先曾经是青藏高原的居民，为了寻找理想的生存之地，而踏上了寻找“好地方”的漫长之旅。景颇族的祖先从青藏高原沿横断山脉一路南下，历经千年，旅途万里，终于在青藏高原以南的高黎贡山尾脉停住了脚步，在这里找到了他们理想的归宿，完成了人口和文化重心的转移。从氐羌“逐水草而居”的游牧族群，逐渐演变成为倚山而居的农耕民族。

景颇是一个尚勇的民族。在千年、万里的艰辛旅程中，在人与自然、人与人之间的各种博弈、争斗、冲突的历练之中，景颇族铸就了骁勇、刚毅、顽强、尚勇的民族个性。他们有句家喻户晓的名谚，做人“要像狮子一样英勇”。景颇人世世代代都用勇敢无畏的精神培养后代。他们尚勇的精神在景颇男子不可或缺的配饰——长刀之中得到充分体现。长刀既是景颇男人的佩饰，又是他们生产生活的工具、抗敌的武器。在景颇人的心目中，长刀是“生命之刀”。他们用长刀砍柴打猎，用长刀生产劳动，用长刀盖房起屋，婚姻礼物送长刀，男人舞蹈时舞长刀，男孩儿成年的标志是佩带长刀。景颇社会中还流传着“男人不会要刀不能出远门”的俗语。在长期与自然的搏斗和部落的争战中，景颇人获得了这样一个真理：“有长刀，就有一切。”随着时间的推移，这种尚勇精神潜移默化地积淀在了他们的文化传统之中。他们把长刀看成是男人的影子，认为“刀魂是汉子的胆量”，长刀成了景颇男人形影不离的伙伴。刀与矛交叉在一起的图徽，是景颇族尚武进取精神的象征，是目瑙纵歌时目瑙示栋上必不可少的图徽。那些刀技娴熟、武功高强的男子，会博得人们的羡慕和尊重。

景颇是一个崇尚和谐的民族。和谐，是景颇文化特质中的重要价值观念。亲和团结是景颇人普遍的一种人生态度和思维模式。这种观念在景颇族处理族群内部社会关系的过程中得到突出体现。在民族层面，拥有五个支系的景颇族自称“祝荣文蚌沙尼”，意为“同胞兄弟的团结联盟”。在节日中，他们把景颇支系语言称谓的“目瑙”，与载瓦支系语言称谓的“纵歌”，合称为“目瑙纵歌”。这都是景颇族调适内部支系多元和语言差异的智慧结晶，是景颇民族追求民族亲和团结理念的充分体现。

在日常生活层面，景颇族对人与人和谐相处非常重视，在旱季里，人们忙碌的是参加婚礼、进新房仪式、丧葬仪式等人与人之间的事，整个生活都围绕着人际交往的轴心转动，忙碌着人与人和谐相处的事宜。景颇人见面时，彼此交谈互递草烟、酒筒以示互敬友好；在食物分配上，一般景颇族家庭吃饭或有社会活动，无论大人小孩儿、不管食量如何，饭菜每人都分配同量的一份；过去景颇族有狩猎习俗，凡集体出猎所获得的猎物，只要参加，一律按人均分，不分老幼，不管有无捕猎工具，出力多寡，连过往的行人也见者有份儿。这些互敬、平等的倾向，是“和谐”理念在景颇族社会体系中的一种体现，是景颇人用以构筑和谐社会，形成民族内聚力的生存策略。

景颇是一个热爱祖国的民族。景颇族聚居的西南边疆是祖国领土的屏障，在卫国保家、抵御外辱的历史上，1875年的马嘉里事件，1898年的穆然早乐东带领景颇族人民在中英两国勘定中缅边界时的抗英斗争，1911年的片马事件，抗日战争时期的景颇抗日游击队，这一个个历史片段，谱写了景颇族人民与其他兄弟民族一道同仇敌忾，用大刀、长矛抗击侵略者的爱国诗篇。他们为捍卫祖国神圣领土的完整，为捍卫国家、民族的尊严，做出了不可磨灭的贡献。

景颇是一个拥有绚烂文化的民族。在漫长的历史发展进程中，景颇族以他们的聪明才智，创造了具有浓郁民族特色的绚烂文化。“贡晶贡萨”政治制度、“墨尤——达玛”联姻习俗、“南”本土信仰、多元的语言文字、多彩的民族文学、恢宏的创世史诗、万人舞蹈的节庆、兼具传统与西方音乐风格的“文蚌”音乐与乐队、具有叙事特征的民间舞蹈、不断创新的华美经典的衣饰以及带有亚热带山林气息的绿色餐饮，这些独具魅力的特色文化，就像一颗颗珍珠，在中华民族灿烂文化的宝库中熠熠生辉。

景颇是一个爱美、懂美、创造美的民族。景颇族对美有独特的认识和理解，从服饰到建筑，从图案到色彩，都彰显着景颇族独特的审美理念。

景颇是一个与时俱进、奋发向上的民族。在中华人民共和国成立之前，景颇族是一个处于后进阶段的民族。新中国成立后，尤其是改革开放后，他们以开放而较少保守、兼容而较少排他、自尊而不背包袱的精神面貌，在开放和保存传统文化之间求取和谐与平衡，与时俱进、奋发向上，整个民族发生了深刻的变化。文化上群星灿烂、人才辈出，经济上异军突起，集体出击，出现了百万富翁、千万富翁。这种引人注目的现象，曾被研究者称之为“景颇现象”。沐浴着新中国盛世阳光的景颇族人民，正在奋力迈向小康。

亲爱的读者，请跟随我的笔触走近景颇族，走近这个崇勇尚和、奋发向上的民族。

目录

第一章
北方徙来

在中国西南边境，中国与缅甸交界地带的高黎贡山尾脉山区的苍苍莽林中，聚居着一个以跳“目瑙纵歌”而闻名世界的民族——景颇族。景颇族并非云南的原住民族。据历史传说和汉文史籍记载，他们是从北方遥远的青藏高原沿横断山脉长途跋涉、逐渐南迁而来的民族。在漫长的历史长河中，景颇族用长刀披荆斩棘，开辟出了一条南迁之路。

有景颇族的地方就有目瑙纵歌

在中国西南边境，中国与缅甸交界地带的高黎贡山尾脉山区的苍苍莽林中，聚居着一个以跳“目瑙纵歌”而闻名世界的民族——景颇族。景颇族并非云南的原住民族。据历史传说和汉文史籍记载，他们是从北方遥远的青藏高原沿横断山脉长途跋涉、逐渐南迁而来的民族。在漫长的历史长河中，景颇族用长刀披荆斩棘，开辟出了一条南迁之路。

学界认定的氐羌后裔

民族的起源是民族史研究的重要内容。景颇族系氐羌族群后裔，在民族史学界已是不争的研究定论。文献典籍是追溯一个民族族源及民族历史的重要依据。由于景颇族在19世纪末期之前尚处于无文字的状态，因此，没有用本民族文字记载的历史，仅有民间的口头传说，汉文史籍中与景颇族有明确关联的文字记载始见于唐代。景颇族起源于氐羌，是学界以语言系属、云南古代各部落活动的地域、史料记载的生活习俗以及景颇族的迁徙路线为依据，得出的研究结论。

语言学角度

景颇族有景颇、载瓦、浪莪、勒期、波拉五个支系。语言学家认为，景颇族五个支系的语言均属汉藏语系藏缅语族。其中，载瓦支系语言与彝语支比较接近，彝语支诸族在历史上与甘青高原的氐羌部落集团有着密切的源流关系。运用语言材料，从语音、词汇、语法三个方面进行对比，都可以发现它们之间有同源关系，是亲属语言。依据语言学语言系谱分类法的观点，同一语系和语族的语言都是亲属语言，都有一个共同的来源，语言的亲属关系揭示了历史上民族间的族属关系，这种语言上有着亲属关系的民族常常是有相近或相同起源的民族。由此，学者们认为，景颇的族源，与古代氐羌部落有着密切的关系，系氐羌后裔。

知识链接 **氐羌** 中国西部的古老族群，本为一个群体，但其中又有差别而分作两个部分。在古代的文字记录中，或单独称“羌”，或氐羌并称。最早生活于西北甘、青一带，后来随着族群的分化而四处扩散，不断往来游动于从西北到西南乃至中原一带的广大地区，长期以来同很多族群的关系非常密切，彼此之间有融合，有分化。西南少数民族中属于由古代氐羌族群演变发展而来的或是与氐羌有密切关系的民族主要有彝族、藏族、白族、纳西族、哈尼族、景颇族、阿昌族、拉祜族、傈僳族、普米族、怒族、基诺族、独龙族等。

活动地域

据汉文史籍记载，早在先秦时期，云南的广大区域就已经有氐羌系统的部落分布。最早对云南古代各部落活动地域进行记载的《史记·西南夷列传》记载，先秦时期，包括云南在内的西南

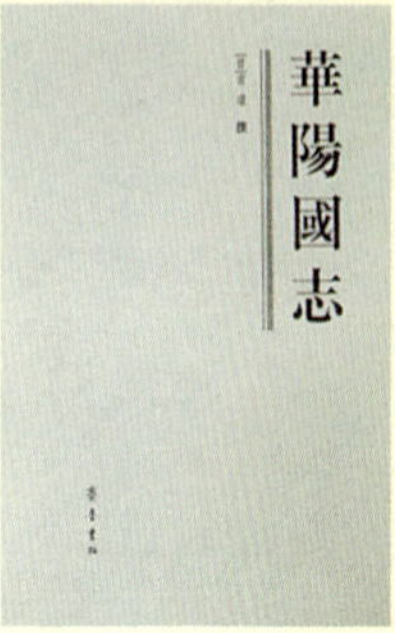

《华阳国志》书影

知识链接 **《华阳国志》** 《华阳国志》又名“华阳国记”。是一部专门记述古代中国西南地区地方历史、地理、人物等的地方志著作，由东晋常璩撰写于晋穆帝永和四年至永和十年（348—354）。“华阳”一名，最早见于《尚书·禹贡》：“华阳黑水为梁州。”《华阳国志》所记地区为《禹贡》九州之梁州，其地因在华山之阳、汉水之南而得名为“华阳”。它记载了公元4世纪中叶以前，今四川、云南、贵州三省以及甘肃、陕西、湖北部分地区的历史、地理。全书12卷，约11万字。此书体制完备，一至四卷主要记载巴、蜀、汉中、南中各郡的历史、地理，其中也记载了这一地区的政治史、民族史、军事史等，但以记地理为主，其类似于“正史”中的地理志；五至九卷以编年体的形式记述了西汉末年到东晋初年割据巴蜀的4个割据政权以及西晋统一时期的历史，这一部分略似“正史”中的本纪；十至十二卷记载了梁、益、宁三州从西汉到东晋初年的“先贤士女”，这部分相当于“正史”中的列传。《华阳国志》将历史、地理、政治、人物、民族、经济、人文等综合在一部书中，内容丰富，考证翔实，史料可靠，是研究古代西南地方史和西南少数民族史以及蜀汉、成汉史的重要史料。

的部落“皆氐类”。这里所谓的“氐”，是“羌”的一个分支。秦汉时期，迁徙到云南、贵州和四川的古氐羌族群被称为“西南夷”。据魏晋南北朝时期的文献《华阳国志》记载，西南夷的大多数部落也是“氐类”。民族史学者们认为，从古代各部落活动的地域而言，这些“皆氐类”的众多部落中就包括有景颇族的先民。

送魂路线

19世纪末以前，景颇族没有文字，他们的历史靠口头传承。景颇族有一个传统，在每一个家庭中，父母都会刻意选择一个男孩儿，作为本家族历史的传记者，有意识地将本家族的历史告诉他，使家族历史得以代代传承。景颇族民间有一个传说，说他们的祖先原来居住在一个叫“木拽省腊崩”的地方。当时，其祖先与藏族为邻，后来逐渐往南迁徙。现在，景颇族老人死后，仍然要把他们的“灵魂”送回祖先居住的地方。“送魂”所经地名，都是景颇族南迁过程中曾经经过和居住过的地区。“送魂”仪式由宗教师董萨主持，董萨是景颇族历史的重要传承者，他们熟知当地各家各户的历史。研究者从董萨为死者念诵的“送魂”词中，发现了景颇族一条回“老家”的路线，即沿着金沙江、澜沧江、怒江、伊洛瓦底江而上，一直到今天青藏高原上他们曾经的老家“木拽省腊崩”。而包括青藏高原在内的中国西北的大片区域，曾经是古代氐羌族群生息、活动的聚居中心。景颇族迁徙起始地，他们的老家“木拽省腊崩”，就与古氐羌族群的聚居区域在同一片大的地域里。而且史籍和考古材料也都已经证明，上古时代，居住在西北的氐羌族群曾经不止一次地向南迁徙。学者们认为，这些依据表明，景颇族的祖先确实是从北方南迁的氐羌族群的后裔。

北方老家木拽省腊崩

“木拽省腊崩”是景颇族记忆中祖先最早的居住地。景颇族口口相传的创世纪史诗《目瑙斋瓦》中也说，景颇族都是从“木搜省腊崩”这个地方繁衍而来。今天，几乎所有的景颇人都知道“木拽省腊崩”是他们祖先最早的居住地。

木拽省腊崩的含义

“木拽省腊崩”是一个合成词。“崩”在景颇语中为“高山”之意。“木拽省腊”的具体含义，在景颇族中有多种解释，有人说是“天然平顶山”，有人说是“长期居住的地方”或“歇脚的地方”，也有人说是“梦境般的高山”。虽然今天的景颇人对“木拽省腊崩”含义的解释莫衷一是，但可以肯定的是，木拽省腊崩是景颇族历史上一个非常重要的地方。有学者认为，这里是景颇族先民曾经在较长的时期里居住过的地方，可能是景颇族的发源（形成）地或景颇族内部各支系开始分化之地。

木拽省腊崩的方位

关于“木拽省腊崩”的具体地点，也有多种说法。缅甸华侨孟生在《缅北景颇族与其他民族的初步研究》中认为，这个地方“大概是在西藏高原东部某处”。就是在景颇人中，对这个地方的所在也有不同看法。有人考证它在今青海省境内，即当地人称为“日月山”的地方；有人认为它在甘青高原的喜马拉雅山；还有人认为是今天西藏昌都南部的雪山。虽然具体地点尚难落实，但认为它在今天景颇族分布的中南半岛区域以北的青藏高原某处，是不争的共识。

青海日月山

知识链接 **日月山** 位于青海省湟源县西南40公里，青海湖东侧，为祁连山支脉，西北——东南走向，长90公里，宽10~15公里，平均海拔4 000米左右，最高峰阿勒大湾山，海拔4 877米。日月山，是我国自然地理上的一条非常重要的分界线，是我国外流区域与内流区域、季风区与非季风区、黄土高原与青藏高原分界线，也是青海省内农业区与牧业区的分界线。日月山东侧阡陌良田，一派塞上江南风光；西侧草原辽阔，牛羊成群，是一幅塞外景色。山体两侧有如此之大的反差，实属国内罕见。藏语叫日月山为“尼玛达哇”，蒙古语称“纳喇萨喇”，都是太阳和月亮的意思。

景颇族在迁徙过程中有一个习俗，就是每当迁徙到一个新的地方，他们就会用曾经用过的地名来命名新的地方，于是就出现了地名沿用和异地同名的现象。研究者们发现，将相同地名的地区连接起来，便显现出景颇族迁徙的大致范围。这个范围在金沙江以西，包括金沙江、澜沧江、怒江、恩梅开江和迈立开江一带。景颇族是顺着各江南下，并在此过程中逐渐分化，各支系的共同发祥地都在这几条江的源头，即青藏高原或附近地区。

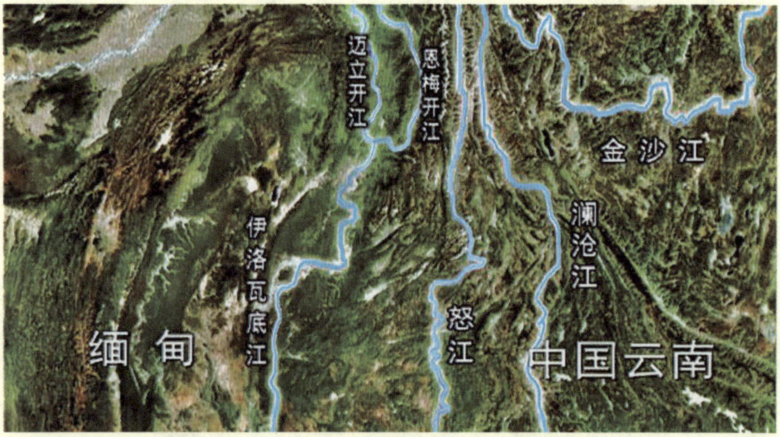

景颇族南下沿江分布图

知识链接 **景颇族寻根之旅** 2002年7月至2005年5月，德宏傣族景颇族自治州史志界学者、媒体记者组成了“景颇寻根考察队”，沿景颇族口耳相传的有关“送魂路”，先后进行了四次大规模民族学考察。其中两次穿越滇、川、甘、青、藏、陕等6省区，一次深入缅北腹地，对景颇南迁的路线及其现实分布状况进行考察。通过寻根考察和研究，考察队得出了以下几个结论：景颇族是茶卡盐湖“开盐矿的人”；景颇人是炎帝的子孙；“地名印证了迁徙路线”：古代景颇族的先民，首先以西安宝鸡这一带为中心，然后开始往甘肃、青海、西藏、云南一带迁徙，最终在云南德宏一带定居。

追寻美好的南向之旅

传说景颇族的祖先在木拽省腊崩居住了很长时间，大概在传说的宁贯瓦时代开始南迁，迁到江心坡以北的藏东南、川西北及滇北交界处，即金沙江、澜沧江和怒江上游地区。以后，他们又逐渐迁徙到云南西部的滇西地区。

关于景颇族南迁的原因，在民族史学界有多种说法，公认的迁徙原因有以下几种。

寻找生存沃土

传说老家木拽省腊崩终年积雪

景颇族由北向南的大规模迁徙，有诸多原因。其中一个重要原因是为了寻找适宜生存的沃土。传说，景颇族的老家“木拽省腊崩”终年积雪、气候寒冷，五谷不丰、六畜不旺，景颇族始祖彭干支伦给他的儿子宁贯瓦留下遗嘱，让他去寻找有野象出没的地方，说到了那里会得到无尽的财富。为了寻找更好的生存之地，使部族能够生存和发展，景颇族的祖先踏上了寻找“好地方”的漫长之旅。旅程的方向之所以向南，有学者认为是由于当时东边有华夏民族在不断发展，已经没有他们拓展的空间。而西边是印度人生活的地域，他们只有往南迁徙。据研究者研究，景颇族先民的迁徙并不是目标明确的一次到位的长距离行走，而是一种接力式的

景颇族先祖宁贯瓦塑像

知识链接 **宁贯瓦** 具有传奇色彩的景颇族始祖，古代英雄。据传，他具有超凡能力，手抡大锤平整了大地使之适合于人类生存，率领族人披荆斩棘、战天斗地、开山治水，使人们有了安居乐业的好环境。传说，景颇人在宁贯瓦的率领下开始南迁。是景颇、载瓦、浪峩、勒期、波拉五个支系公认的始祖，五个支系均认为他们是宁贯瓦的后代。

迁徙，很多景颇语地名彼此相距并不很远，他们走走停停，探索、找寻着适宜生存发展的理想空间。

理想的生存之地

躲避战乱

据研究者研究，躲避战乱是景颇族南迁的另一重要原因。人口增长和资源匮乏的矛盾，困扰着生存环境艰难而又需要发展的

知识链接 **拉事** 拉事是景颇族历史上一种由吵架、偷牛、婚姻纠纷、人命、伤害、打伤牲畜、债务等事情得不到合理解决而引发的武装行动，景颇语称为“鄂吉”，当地汉族称之为“拉事”。“鄂”是牛，“吉”是兵，“鄂吉”的字义是“牛兵”，意思是武装拉牛或抢牛的人或事件。拉事时需要遵守若干景颇族的传统规则。其一，拉事是一种集体的武装行动。拉事起因由个人或家庭之间的纠纷引起，但拉事不仅是当事人自己的事，它同时是当事人的家庭、世系和他联姻的集团、整个村寨甚至整个山官辖区的事，他们都会被牵扯到拉事行动之中，或参与拉事，或他们的牛被对方拉走。其二，拉事是贯彻习惯法的制度化的方式，武装行动之后，拉事最终还是要回到协商的方式来解决问题。其三，拉事主要拉牛，如果拉人为质，只能限于拉对方当事人的家人。进行拉事，一般要经过山官同意，得到山官支持。拉事由各辖区专门负责组织拉事的人“照布”来组织发动。规模最大的拉事，可发动全辖区的青壮年男子参与，其次是发动全村寨的青壮年男子参与，规模再小一些的拉事，是约集亲友近邻参与。发动全辖区青年男子参与的拉事，往往是山官之间或与山官有关的拉事，通常由山官组织发动。拉事大多发生于村寨之间，村寨内部的纠纷大多能够通过讲事解决，直接发生拉事的不多。

景颇人。景颇老人讲，在北方老家，为争夺生存资源，寨与寨之间、姓氏与姓氏之间，械斗和血族复仇事件频发，动辄兵刃相见，社会秩序非常混乱。很多人因害怕“拉事”、被杀或被掠为奴隶而南迁。一部分人是在械斗或战争中被打败时在山官率领下，另觅新地方安居而南迁。

山官在给即将出征的勇士鼓气

为当山官拓殖新领地

景颇族山官制度的习惯法规定，只有“官种”才能当官，而山官职位的承袭，实行的是幼子继承制。山官只能将自己的官位承袭给他的幼子，其他儿子想当官，就只能率领一些百姓向外开拓新地盘，自立为新领地的山官。

景颇族的南迁，是以分散、渐进的方式，在经历了相当长的时期之后逐步完成的。在迁徙的历史进程中，景颇族分成了东、西两大部分，经过不同的路线完成了迁徙。

西线迁徙

走西线迁徙的，主要是景颇族的景颇支系。据研究推断，他们可能自青藏高原分支后，自今云南迪庆的德钦沿着澜沧江以西、怒江及伊洛瓦底江源头南下，进入了江心坡地区。之后，从江心坡再往周边扩散，一部分西迁到了今缅甸北部克钦邦葡萄县的坎底转向孙布拉蚌，再向西越过更的宛河到达了印度的阿萨姆地区。一部分则向西南迁徙到了今缅甸北部克钦邦西北部的玉石厂、雾露河一带。还有部分沿伊洛瓦底江两岸南下至今缅甸的南、北掸邦一带。再有一部分迁入了云南德宏。

东线迁徙

从东线迁徙的，主要是景颇族的浪峩支系，他们从青藏高原南迁后，曾经活动到金沙江一带，尔后又沿澜沧江南下，来到云龙县澜沧江西岸的表村、旱阳等地区。由于在这里居住的时间较长，分布的地域较广，历史上这一带被称为“古浪速地”。之后，一部分浪峩支系人留居于此，逐渐变为峨昌人，一部分则从“古浪速地”迁出，继续向西，经老窝、六库、泸水、登埂等地，迁徙到了片马一带。于清代，在片马以北地区形成了距离“古浪速地”数百里之遥的“浪速地”。两地之间今天依然保留着这部分景颇族迁徙过程中留下的浪速人自称“浪峩”异音的“老窝”，以及元明时期景颇族的别称“阿昌”寨等地名。德宏浪峩

怒江傈僳族自治州泸水县的老窝镇，这里曾经是景颇族西迁的重要通道

支系人的送魂路线，要经过今天的腾冲、泸水县的登埂、六库、老窝，云龙县的漕涧等地，跨过龙川江、怒江和澜沧江直至金沙江。有学者认为，在东线景颇族迁徙的过程中，从浪莪支系中分化出勒期（茶山）支系，他们分住到了小江流域，再后来从勒期支系中又分化出了载瓦支系。载瓦支系继续南迁，来到了恩梅开江以东地区，即今德宏一带定居。由于浪莪、勒期、载瓦支系分化较晚，所以，他们在语言、服饰、风俗习惯等方面都很接近。

▲

漕涧是景颇族浪莪支系先民居住过的地方

亚热带边陲山地安家

告别北方的天寒地冻，向着充满温暖阳光的地方一路向南，经过长期、艰辛的跋涉，景颇族终于在地广人稀、温暖湿润的云南西南部的德宏边境以及缅甸北部的克钦邦、印度东北部的阿萨姆地区停下了脚步，定居在了今天的中、缅、印三国相连的狭长地带上，成了跨国度分布的民族。在中国的称为景颇族，在缅甸的被称为克钦族，在印度阿萨姆地区的则被称为新福族。

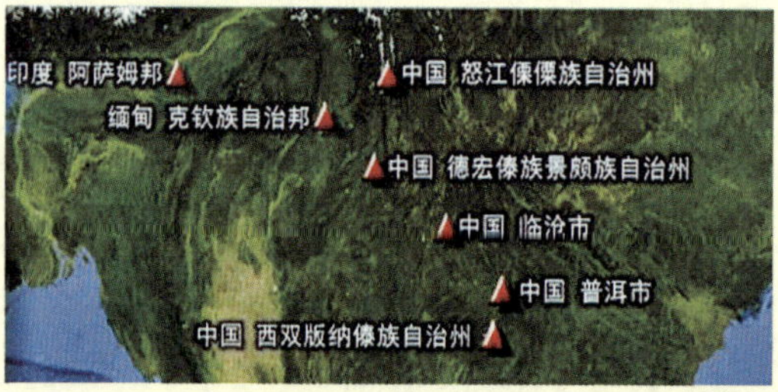

南迁后，景颇族定居在了今天的中、缅、印三国相连的狭长地带上

德宏傣族景颇族自治州是国内景颇族的主要聚集地，景颇族最早进入德宏地区的时间，是在14世纪前后，明代永乐年之前，距今已约600年。到17世纪末、18世纪初，由东、西两线迁徙的景颇人大批地迁居到了德宏，分散居住在海拔1 500~2 000米的山区。曾经分化过的景颇族各支系，在这里又犬牙交错地杂居在了一起，共居同一座山岭，甚至同一个村寨，经历着重新融合的过程。普洱市澜沧拉祜族自治县、临沧市耿马傣族佤族自治县、西双版纳州勐海县的景颇族，又从德宏迁徙而去。

德宏傣族景颇族自治州的位置

景颇族聚集的德宏傣族景颇族自治州，隶属于云南省。地处边境，东接云南中部高原，南部、西部和西北部三面都与缅甸联邦接壤，是云南西部最边沿嵌入缅甸的一个三角。

山脉与水系

从地缘关系上看，德宏与缅甸北部是一个山水相连的区域整体，高黎贡山自东向西南倾斜伸展而来的尾脉和几条支脉，经过德宏后都延伸到了缅甸。发源于青海省唐古拉山南麓、流经云南的怒江，在德宏芒市中山乡的芒幸处流出国境后也流向了缅甸，

怒江

进入缅甸后叫萨尔温江。德宏境内的大盈江、瑞丽江、芒市河、南宛河等所有大小河流，全都分别汇入了缅甸的伊洛瓦底江和萨尔温江水系。

气候与资源

德宏处在一个低纬高原上，是个富饶、美丽的地方。高黎贡山从东北向南倾斜的支脉在这里舒展。这些峰峦连叠的群山，就像一道面对印度洋东北季风的巨大屏障。每年夏、秋时节，从印度洋向东北流动的高压暖湿气流，在这里受到这道高山屏障的阻挡，给德宏带来了丰沛的雨量，使得景颇族居住的山区，成了沐浴着印度洋东北季风带来的充沛雨量的亚热带季雨丛林地带。这一地带，由于地处低纬高原，太阳高度角大、阳光辐射强，因而热量丰富。夏季由于受南亚季风影响，湿润多雨、水汽丰沛，而冬季受西方干暖气流影响，温暖少雨。

盈江铜壁关榕树王，占地约6亩，落地生根形成的树干近百柱，是云南至今发现的最大的榕树

优越的气候，给森林和农作物的快速生长、植被的迅速恢复

提供了得天独厚的条件，山清水秀、树木葱茏，山有多高水有多长，座座青山有溪流，条条山箐有小河，为发展农业提供了有利的灌溉条件。崇山峻岭间有宽阔的草场，具有发展畜牧业的良好条件。森林资源丰富，盛产珍贵的木材和具有开发价值的各种植物和林木，有砂仁、柯子、毕拔、团花、史君子、金鸡纳以及珍贵的美登木属植物、龙血树等医药、工业原料资源；有八角、草果、香茅、野香橼、山苍子、黄兰、柠檬等香料资源；有树棉、龙舌兰、竹类等供纺织、制绳、造纸用的资源；还有茶叶、石斛、小粒咖啡、紫胶、油桐、核桃、坚果等有开发前途的经济林木。矿藏资源

小粒咖啡

景颇族聚居地盈江县铜壁关乡的凯邦亚湖

种类繁多，有铁、铜、铅、煤、金、银、水晶、宝石等。遮天蔽日的森林中栖息有豹、熊、野猪、孔雀、麂子、山雉、犀鸟等数十种野生动物。

◀ 犀鸟

历经千年，行程万里，景颇族追寻美好的南向之旅，终于在青藏高原以南的高黎贡山尾脉停住了脚步，他们在这里找到了理想的归宿，完成了人口和文化重心的转移。在千年、万里的迁徙旅程中，景颇族发展了人口，铸就了乐观、包容、骁勇、顽强的民族个性。

第二章
历史足印

有着悠久历史的景颇族，在从远古走来，从北方徙来的漫长发展旅程中，留下了一串串清晰、坚实的足印。让我们通过几个难以忘怀的历史片段，来管窥景颇族发展进程中那些已经成为远去背影的历史印记。

史籍寻传到当代景颇

史籍寻传

“寻传”的名称最早出现在唐代史籍的记述中。立于唐大历元年（766）的《南诏德化碑》提到南诏王阁罗凤“北攻巂州”“西开寻传”。至此之后，“寻传”之名即不断见于文献之中。约成书于863年的《蛮书》对“寻传蛮”的分布进行了记述。从相关记载看，寻传蛮的称谓由地名“寻传”而来。唐朝时，寻传蛮分居两个大的区域，一个区域在南诏国境之西的澜沧江上游以西至伊洛瓦底江上游的恩梅开江和迈立开江一带。天宝年间（762），南诏王阁罗凤率兵“西开寻传”指的就是这个区域。“西开寻传”后，西部寻传便为南诏统辖。那时，其经济发展较为落后，人们过着狩猎的游猎生活，处于缓慢发展的原始社会。另一部分寻传蛮散居于东泸水（雅砻江）与磨些江合流地带，即今天的四川盐边至云南华坪、永胜一带，即东部寻传，他们与“乌蛮”“磨些”杂居。

知识链接 **《南诏德化碑》** 南诏德化碑系青石刻碑，高4米，宽2.4米，厚0.6米。碑立于776年（赞普钟十五年即唐大历元年），是南诏王阁罗凤被迫叛唐投吐蕃以后，为说明“阻绝皇化之由，受制西戎之意”不得已叛唐而立的。石碑阳刻正文3 800余字，今仅存220字。着重叙述了南诏和唐朝原来的密切联系及双方交恶的经过，双方3次兵戎相见，最后南诏归吐蕃的过程。石碑阴刻41行，3 000余字，现仅存556字。内容为南诏重要职官题名。现存碑文内容资料为明代云南著名文学家和理学家李元阳在《万历云南通志》中首录。南诏德化碑为研究南诏的形成、社会制度、云南各民族的关系、南诏与唐王朝和吐蕃的关系以及研究南诏初期统治阶层的结构、职官制度等提供了极其重要的文献资料。现存于云南省大理市七里桥乡南诏德化碑公园内，1961年3月4日，被国务院公布为第一批全国重点文物保护单位。

寻传为景颇族先民

民族史学者认为，史籍中的“寻传”即景颇族的先民。“景颇”与“寻传”之间有着深层的联系。

其一，两个称谓之间高度吻合。“景颇”是景颇族的自称，汉语对它的音译有“寻博”“寻傅”“新福”和“准颇”等标记。民族史学家认为，这些汉字标记的名称都接近景颇自称的发音，应该是当时当地族群语言的译写。然而在繁体字中，“博”和“傅”容易误写为“傳”（传）字。因而，文献中用繁体字标记的“尋傳”，“傳”字极有可能是文献作者在转录时对“博”和“傅”的误记。著名史学家、民族学家方国瑜先生也这样认为：“所说寻传即寻博”，“今之景颇族或克钦人……”“即尋傳部族遗裔，而自称準颇，则尋傳或即尋博之误。”

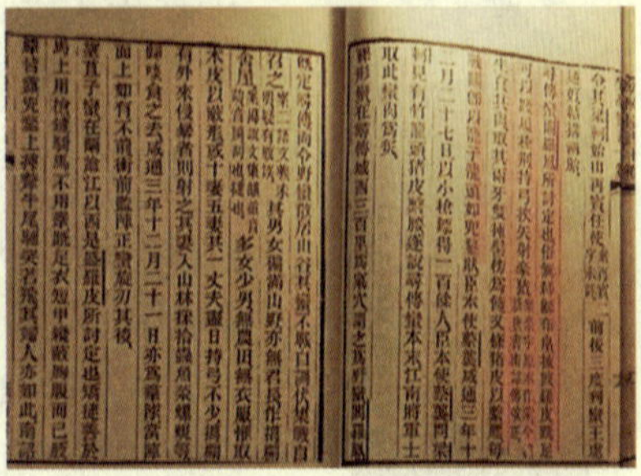

蛮书关于寻传的记载

其二，南诏王阁罗凤西开寻传，指的是打通寻传蛮聚居的高黎贡山一带及西部地区。而古代景颇族的高日部落就居住在这里，高黎贡山的名称来源于景颇语，意思是“高日部落居住的山”。

其三，史籍记载中的习性、装扮与景颇族的一些习性和装扮用具极其相吻。《蛮书》有简短的文字记述身披兽皮的寻传蛮可

高黎贡山

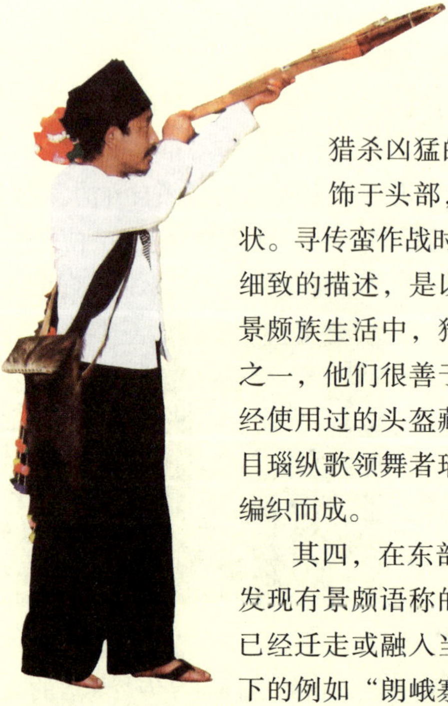

射弩的景颇族男子及使用的弓弩

以赤脚飞驰于满布荆棘的丛林，他们善于使用弓弩猎杀凶猛的野兽，并把野兽的长牙装饰于头部，战时以笼子笼头，如兜鍪状。寻传蛮作战时的头盔，《新唐书》有更加细致的描述，是以藤条或竹篾编织而成。在景颇族生活中，狩猎曾经是他们的重要生计之一，他们很善于使用弓箭和弩。景颇族曾经使用过的头盔藏品也是用藤条编成，今天目瑙纵歌领舞者瑙双头戴的犀鸟冠也以藤条编织而成。

其四，在东部寻传地区，据调查，这里发现有景颇语称的地名遗迹，虽然，景颇族已经迁走或融入当地的其他民族中，但是留下的例如“朗峨寨”等村寨名称，显示景颇族曾经在这里居住过。因此，民族史学家认为，寻传就是今天景颇族的先民。

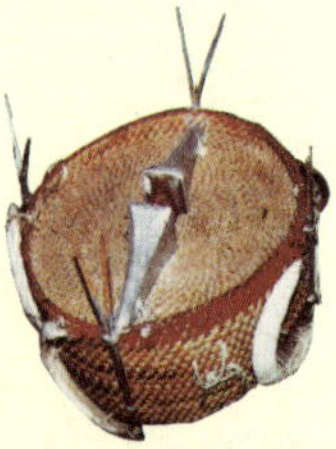

藤条编织的帽子

《蛮书》记载中还有“裸形蛮”“野蛮”等名称，他们广泛分布在今天缅甸北部的广大地区。唐代时期的南诏王阁罗凤“西开寻传”后，下令让他们散居在山谷之中，遇有战争他们就应召参战，无事则在山岭中生息。民族史研究者认为，他们都和“寻传蛮”有紧密的联系，也是后来景颇族不同支系的前身。

知识链接 **《蛮书》** 唐代樊绰撰。又称《蛮志》《南蛮记》《南夷记》《云南志》《云南记》《云南史记》。共10卷，约成书于863年，记述了由唐朝进入云南的交通途程、云南的名山大川、六诏历史沿革、民族分布、首府区、主要城镇、物产、各民族风俗习惯、南诏政治制度，与南诏地方民族割据政权相毗邻的国家和民族等内容。原书已佚于明代以后，清乾隆年间开四库馆修《四库全书》，自《永乐大典》重录成书。所叙多系作者亲历，史料价值较高，为唐代云南地区历史、地理、民族最系统的记载。

当代景颇

唐代的寻传蛮之后，元明时期，景颇族先民又被汉文史书记载为“峨昌”“莪昌”或“蛾昌”。清代，景颇族已经自称景颇、载瓦、浪莪、勒期，但汉文史书对他们沿袭“峨昌”的旧称，或称其为“山头”，蔑称为“野人”。1950年，景颇族聚居的德宏地区和平解放，党和政府在景颇族地区进行了民主建政工作，1953年，德宏傣族景颇族自治区成立之际，为了消除封建统治阶级对景颇族带有歧视性的民族称谓，人民政府经过与景颇族各支系协商，正式确定以景颇族作为五个支系统一的民族名称。在此之前，各个支系都以自己支系的名称称呼自己。

民族自称与他称

景颇族是一个统称，由景颇、载瓦、浪莪、勒期、波拉五个支系构成。各个支系不仅有自称，同时还有对其他支系的不同称谓，各支系间的他称较为复杂。例如，景颇支系称自己为“景颇”，称载瓦支系为“阿基”，称勒期支系为“勒西”，称浪莪支系为“木如”。统一族称后，景颇族对外自称为“景颇文蚌”或“文蚌景颇”，意思是“景颇共同体”。

景颇族自称与他称表

总称	自称＼他称	汉族称	傣族称	景颇支系称	载瓦支系称	浪莪支系称	勒期支系称	傈僳族称	白族称
景颇	景颇	大山	罕弄	景颇	石东	颇峨	颇峨	阿普	
	载瓦	小山 阿昌	罕宛 阿昌	阿基	载瓦	扎峨	载勿	阿基	
	浪莪	浪速 峨昌	峨昌	木如	勒浪	浪莪	浪莪	然别 怒泼	浪宋子 阿昌子
	勒期	茶山	阿茶	勒期	勒期	期峨	勒期	阿茶 阿昌泼	
	波拉	波罗		波罗	第瓦				

“景颇”的含义

关于“景颇”一词的含义有几种解释。一种解释认为，“景颇”一词是从景颇语的“董颇”一词演化而来，“董颇”在景颇语中是“文明”的意思。古代的景颇族自认为比其他民族文明而自称为“董颇”，今天缅甸江心坡一带的景颇族依然自称为“董颇”。第二种解释认为，据景颇族民间传说，他们的祖先曾经在青海的茶卡盐湖生活过，所以，“景颇”一词的含义是“开盐矿的人”。

民族分布

历史上景颇族习惯于经营“刀耕火种”的旱地农业，这种耕种方式需要大片山地才能维持生活。随着人口的繁衍，景颁族分布的地域越来越广。大致东起高黎贡山和怒江两岸，西至印度东北边境的阿萨姆地区，北自喜马拉雅山南麓的坎底及岔角江，南到缅甸中部的腊戍和摩哥克山区，即东经95°20′—98°40′，北纬23°—27°25′之间的中南半岛，都有景颇人的足迹。在这片地区的崇山峻岭中，景颇人的村寨和旱地、梯田星罗棋布。

梯田

国内景颇族分布的地区，约在东经97°28′—99°57′，北纬24°—25°5′之间，大致包括了今天景颇族聚居的云南省德宏傣族

景颇族居住的岗房村

德宏傣族景颇族自治州首府芒市

景颇族自治州的陇川、盈江、芒市、瑞丽、梁河五个县市，以及怒江傈僳族自治州泸水县，临沧市耿马傣族佤族自治县，普洱市澜沧拉祜族自治县和西双版纳傣族自治州勐海县。

德宏傣族景颇族自治州是国内景颇族人口最多的聚居地，2010年德宏景颇族人口为134 373人，占景颇族总人口147 828人的91%。主要聚居于德宏州内的24个乡镇。其分布乡镇占德宏州行政区划50个乡镇总数的48%，面积约占德宏州国土总面积的70%以上。

德宏傣族景颇族自治州陇川县是中国景颇族人口分布最多的县，这里的景颇族人口约占全国景颇族总人口的34%。陇川县号称“目瑙纵歌之乡”，2007年，由陇川县人民政府申报的景颇族大型节日舞蹈目瑙纵歌，被列入了国家级非物质文化遗产名录。

景颇族聚居人口最多和比例最高的乡——西山乡

德宏芒市所辖西山乡，是国内景颇族聚居人口最多和比例最高的乡镇。2011年，全乡居民总人口11 912人，其中，景颇族

10 959人，占总人口的92.8%。景颇族的载瓦语至今仍是西山乡内各民族社会交往的主体语言之一。这里景颇族民间传统文化保存比较完整，民族特色突出，具有深厚的景颇文化底蕴。

抗敌御辱与卫国保家

景颇是一个有着爱国主义光荣传统的民族。历史上，景颇族人民为捍卫祖国神圣领土完整进行了英勇斗争，为保卫西南边疆做出了重要贡献。

严惩马嘉理

马嘉理事件是中国近代史上震惊中外的重大事件。事件发生在19世纪的后半期。鸦片战争后，英法列强在打开中国沿海门户及长江后，又想打开中国的内陆“后门”，进一步拓展他们在中国的原料基地和商品倾销市场。位于法属印度支那和英属印度、缅甸两大殖民地之间的云南成了帝国主义列强进一步侵略和瓜分中国的前沿。从19世纪60年代起，帝国主义列强不断探测从缅甸、越南进入云南的通道。他们有计划、有组织地对我国滇、川、藏地区，进行了大量以“游历”“探险”等为名的侵略性侦察活动。

马嘉理事件起源地标记

1875年2月，由200多人组成的全副武装的英国探路队，在不事先照会清朝地方政府的情况下，非法越过中缅界河，从缅甸侵入我国境内。边疆各族人民闻讯后，十分愤慨。当探路队行至我国境内30余公里的腾越厅南甸土司辖地蛮允（今天云南盈江县芒允街）附近时，受到景颇、傣、阿昌等民族群众的阻拦，英国驻华使馆翻译马嘉理向阻拦的群众开枪逞凶，各族群众义愤填膺，以景颇族为主的群众将马嘉理及其随从杀死，弃尸户宋河中。并将探路队围困于班西山下，阻止他们向我国境内继续推进，把探路队赶回缅甸，捍卫了国家的尊严。这就是史称的“马嘉理事件”，又称“云南事件”或“滇案”。

英国侵略者无视中国领土主权，在对清政府蓄意欺骗，在谎报的少数人“游历”的幌子下，竟派遣200人的武装探路队悍然入侵我国边境，这是侵犯我国领土主权的侵略行径，以景颇族为主的滇西各族人民抗击侵略者的自卫行动，是无可置疑的正义之举。但是事件发生后，英国人借此向清政府提出许多无理要求，清政府屈服于压力，次年7月，由李鸿章与英国驻华公使威妥玛在山东烟台签订了中英《烟台条约》，向英国赔款、道歉；扩大了其领事裁判权；允许英国人开辟印藏交通；开放宜昌、芜湖、温州、北海为通商口岸。并以“盗匪劫杀”的罪名，捕杀了23名景颇族抗英勇士。

1986年底，云南省盈江县人民政府在芒允竖立了“马嘉理事件起源地”的纪念碑，它向人们讲述着中国近代史上，曾经发生过的景颇及边疆各族人民抗击侵略者的这一可歌可泣的真实故事。

木然早乐东卫国保家

木然早乐东是清朝末年陇川县王子树的景颇族爱国山官，在英国侵略者蚕食中国领土之际，他挺身而出，带领景颇族人民抗击英国侵略者卫国保家。1897年冬，中英两国在云南省陇川勘定中、缅边界时，英国侵略者企图在1894年与1897年两个界务条约的基础上，更多地掠夺我国的领土，胁迫清政府把界标内移六七十里。侵略者的行径和清政府官员的昏庸，激起了边

景颇民族英雄木然早乐东雕像

古浪

片马人民抗英胜利纪念碑

疆景颇、汉、傣等各族人民的坚决反抗。陇川县王子树的景颇族爱国山官木然早乐东挺身而出，向英国侵略者提出严正抗议，并出示虎踞关、铁壁关两块碑文拓本，证明那六七十里及其以外的一些土地，历来属于中国领土，粉碎了英帝国主义者进一步侵占中国领土的野心。当侵略者强行占领陇川县章凤街时，木然早乐东率领愤怒的群众拼死抵抗，迫使英国侵略者退出我国疆界。

1988年建成的片马抗英纪念馆

1910年，英国侵略军两千多人侵占中国景颇族聚居的片马、古浪、岗房三地，激起了景颇、傈僳等族人民的强烈反抗，进而在云南全省掀起了反英运动，组织“中国保界会”，终于迫使英政府承认片马、古浪、岗房是中国领土。

抗日战争时期，景颇族人民积极参加抗日游击队，用长刀、斧子、铜炮枪奋起抵抗侵入滇西的日本侵略军，为保卫祖国立下了功劳。

化为记忆的山官制度

20世纪50年代前，在云南的少数民族中，景颇族是拥有自己独有政治制度的民族之一。景颇族实行的是一种景颇语称为“贡晶贡萨”的制度，这是一种以景颇族称为“崩督”的人为首构成的政治制度。“崩”的汉语意译为“山”，“督”意译为“主人”或“官”。因景颇族居住山区，当地汉族形象地把“崩督”这种管辖山头的官，称之为“山官”。山官是景颇族贵族中的当权者。研究政治制度的中国学者由此引申，把景颇族以贵族当权者“崩督”为首构成的“贡晶贡萨”制度，称为“山官制度”。景颇

研究山官制度的著作

族的山官制度早在南迁进入德宏前就已经形成。继南诏、大理政权之后，元代在云南设立行省，寻传地区属于云南行省管辖。随着生产的发展，景颇族各部逐渐形成茶山、里麻两个大的部落联盟，产生了从原始农村公社分化出来的世袭贵族山官。15世纪初，明朝在这里推行土司制度，设立了里麻、茶山两个长官司，任命景颇族山官为长官。在20世纪50年代以前，山官制度是中国大多数景颇族地区的政治制度。中央王朝对景颇族的统治通过册封的傣族土司实行，但土司的统治只是名义，土司不可能直接插手管理景颇族村庄内部的事务，他们对景颇族的统治是通过景颇族的山官来实现的。

山官制社会的分层

山官制度是建立在社会分层基础之上的政治制度。在这一制度下，社会成员分为官种、百姓和奴隶三个等级。等级的划分基于血统，每一个社会成员在社会分层结构中的位置，从降生之时就被其所属的父系血统既定。父亲出身官种，子女就是官种；父亲出身百姓，子女也就是百姓；父亲出身于奴隶，子女亦为奴隶。官种、百姓、奴隶，这三个等级之间是一种阶序性的关系。

山官曾经穿用过的官服

等级的划分，在政治上界定了三个等级的世俗地位和权力。三个等级间有严格的界限，官种被视为高贵血统，社会地位最高，享有特定的权力。他们有特殊的命名方式，即在名字中使用百姓等级所不能使用的特定冠词，如“早”“扎”“南”等。官种等级一般实行等级内婚，不与其他等级通婚。个别官种等级的姑娘也有下嫁有钱百姓人家的情况，但是，聘礼十分昂贵。山官只能由出身于官种等级的人担任。出身于百姓和奴隶等级的人，即便有再强的能力，都不可能就任山官职位。景颇族谚语有“南瓜不能当肉，百姓不能当官”的说法。官种阶层的成员虽然有当权和非当权之分，但是他们的等级地位均相同，都高于百姓和奴隶。在同一个辖区内，同一个姓氏的官种等级的成员，不用负担官谷、官工等山官所享有的特权。

等级的划分，在宗教上界定了山官与其他两个等级在神权方面的地位和权利。景颇族传统信仰体系中最大的天鬼“木代”，只有山官才能够祭祀。传说山官的祖先曾经与木代之间有过婚姻关系，因此，只有山官才有祭祀木代鬼的合法权利和义务。这种宗教上的权威为山官对世俗社会的统治权力和地位进行了注释，对木代的专有祭祀权成了山官地位和权力的象征，它使得山官的权力和地位在笃信鬼神的景颇族民众中更加牢固。

山官及其职能

山官是景颇族在一定地区范围内的最高政治领袖，职位由官种等级中的当权者世袭，一般由山官的幼子，景颇语称为“乌玛”的人承袭。山官之上没有形成统一的政治组织，各山官之间无直接的统辖关系。每一个山官都有自己统治的辖区，辖区大小

象征最高权力的九柱铓，仅山官家才能使用

知识链接 **保头区** 保头区是指外民族受山官保护的地区。这种地区多系山区汉族村寨或坝子边缘靠近景颇族山区的傣族村寨。这些村寨人们的生命、财产受山官保护，每年要按人头或按户、按寨向山官交纳一定的钱物，作为“保头税”。保头税的种类，汉族与傣族等民族之间有一定区别，汉族通常交鸦片，傣族等民族一般交钱、稻谷及其他实物，数量也各不相同。有的保头寨过年时还需携带酒、肉、糯米粑粑等礼物到山官家拜年，有的在吃新谷时，有的在播种时，还要向山官送礼物。

不一，势力大的山官辖数个或数十个村寨，还辖有“保头区”。每个山官辖区自成体系，独立行政。山官辖区之间的界线通常以山岭、河流、道路、山谷等自然物为标志。辖区之间界线十分严格，非本辖区内的人，不能越界开荒或伐木，否则会引起纠纷。在辖区的管理上，山官拥有广泛的职能和权力，他是辖区的管理者、习惯法的体现者和执行者、战时的当然军事领袖。其职能和权力具体表现在领导生产，管理、调整、分配土地，帮助群众解决生活困难、调解民事纠纷、保护群众等方面。

山官特权

在辖区范围内，山官对辖区的百姓享有“官腿”“官工”“官谷”“官烟”“官礼”等各种特权。其中最重要的特权是“吃腿权”，即山官有权得到百姓杀牛祭祀或捕获猎物的一条后腿，这条供奉山官的后腿叫作“官腿”，景颇语称为“宁贯”。此外，百姓每户每年需要为山官无偿做工 3~6 天，称作“官工”；每年粮食收获后需要按照耕种田亩的面积向山官交纳一定数量的谷物，称作“官谷”；辖区内的汉族，每户每年需向山官缴纳一定数量的鸦片，称作“官烟”；逢年过节、红白喜事或调解纠纷时，百姓需向山官送礼物，称作“官礼”。

交官谷

山官制度的政治组织

山官制度下有一套管理辖区内部事务的政治组织。在这套组织中，山官之下有寨头、苏温、管、纳破、恩道、董萨等不同角色，协助山官治理辖区。

“寨头”　山官之下管理一个村寨事务的头人，一般由“开山立寨”姓氏的人或村寨中其他主要姓氏的人担任。由山官任免，不能世袭。担当这个职位的人，需要具有处理公共事务的能力、能说会道、家庭富裕并为山官所信任。寨头在村寨中有较高的地位，是山官管理辖区的主要助手，负责向百姓收取土司和山官的官租，监督百姓为山官出官工或为土司出劳役，协助山官处理调解村寨内婚姻、盗窃、土地、债务等纠纷。作为回报，寨头免出官工和劳役。

"苏温" 村寨中各姓氏的自然领袖，具有长老的身份，没有特权，由同姓人家选出后，经山官认可。他们代表村寨和各自家族的利益，负责沟通山官与百姓间的联系，协助山官、寨头管理村寨内的事务。

"管" 代表山官对非山官居住村寨进行管理的总管。这个职位不是普遍存在，通常只在包括数十个村寨的山官辖区存在。由于辖区大，山官难以顾及，才设"管"的职位。管在他负责的村寨中，拥有管理一切村寨事务的权力，他可以免交官租、免出官工，还可以在其所管辖的村寨中收取官租和派出官工。虽然在某些权力上与山官相同，但是管所管辖的寨子仍然严格地属于他所属山官的辖区。

"纳破" 负责领导村寨春耕，统一进行破土仪式的人，有的纳破也协助山官处理辖区事务和参加调解纠纷。

"恩道" 负责传达山官的通知、命令和其他公事通知的人。主要职责是负责传达山官的通知、命令和通知其他公事。

除政务人员外，山官在治理村寨的过程中，还有神职人员"董萨"，董萨负责主持宗教和一些世俗的仪式。

通德拉 山官制社会没有成文的法律，也没有产生类似法庭、监狱、警察等执法的专门机构，村寨的正常生活秩序和山官的政治制度主要依靠习惯法——"通德拉"来维系。习惯法具有很大的约束力，常常与宗教相结合。景颇族的习惯法对杀人、伤人、偷盗、诬陷、拉事、奸淫、侵犯公共利益以及婚姻、债务纠纷等行为，有约定俗成的处罚规定。处罚的方式通常都是赔偿实物和钱财。一般不轻易判处死刑，杀人一般不偿命，但是杀人必须赔偿。赔偿多少，通过讲事的方式来决定。

讲事 景颇族解决纠纷的一种机制。百姓发生纠纷时，往往备一筒酒告之于山官，山官即召集寨头和双方当事的有关人员进

通过“讲事”的方式解决纠纷

行讲事。讲事的方式是由原告人和被告人聚在一起，由山官或寨头主持，德高望重的老年男性参加仲裁。

神判一种——闷水

神判 景颇族在执行习惯法过程中，采用神意裁判解决纠纷的一种方式。这种方式以万物有灵的民间信仰为基础，以神灵报应观为前提。景颇人相信神灵会给人们以相应的报应和明示，遇到案件无法调查判明时，就采取神判的方式进行裁决。神判方式是对用“讲事”方法不能有效处理案件时的一种补充裁判方式，在景颇族习惯法中处于补充地位。它涉及的纠纷，主要集中在与财物相关的盗窃案件方面。常用的神判方式有赌咒、鸡蛋卦、斗田螺、煮米、捞开水、闷水等。

山官制度的发展类型

新中国成立前，德宏景颇族地区的山官制度发展不平衡，各地的情况大致可以分为三类。一类地区，在政治上山官制度仍大体保持原有状态，民主性依然比较明显，在经济上封建因素仍比较浓厚；另一类地区，由于受封建土司制度的影响，山官制度已经有向封建领主制度发展的倾向；还有一类地区，由于受汉族封建地主制影响，山官有向封建地主制发展的倾向。后两类地区虽然已经出现了向封建制发展的倾向，但是，由于传统习惯法的约束，山官

闷水现场全景

还没有发展成土司和地主，尚处在过渡状态之中。

山官制度的消亡

由于山官制度剥削和压迫的加重，导致社会矛盾激化，19世纪后期至20世纪初，景颇族社会内部发生了反抗山官制度的“贡龙”起义。这次反抗斗争在德宏西北部盈江支丹山和铜壁关地区斗争最为激烈，持续了30多年之久。在起义胜利的村寨，在废除山官“贡萨”制度的同时，建立起了景颇语称为“贡龙”的民主制度。在贡龙制度下，山官的一切特权被取消，原有的山官辖区不再存在，山官降为村寨中的普通成员。各寨由各自选举的头人为领导，村寨头人没有特权，不能向群众摊派负担，在调解纠纷或处理全寨性事务时，由寨头召集村寨长老，共同商议。由于取消了山官制度，人们之间的等级关系不存在了，等级婚姻和表现等级差别的称呼及命名方法也被废除。村寨的土地分别为各户所私有，可以自由买卖，不受任何人的干涉。贡龙起义沉重打击了山官制度。山官制度的最终消亡是在新中国成立之后。1956年，根据景颇族新中国成立前的社会形态和生产力水平，党和国家在景颇族地区进行了“直接向社会主义过渡”的民主改革，山官制度被彻底废除。

山官制度是景颇族社会在特定历史时期所产生的一种政治制度。这一制度的存在，丰富了中国博大精深的多民族、多层次的多元政治文化宝库。

第三章
繁荣发展

新中国的盛世阳光驱散了阴霾，太阳照亮了景颇山。从此，景颇族人民和其他各族人民一道，走进了民族平等、团结，各民族共同繁荣发展的新时代。在党的民族政策光辉照耀下，景颇族直接向社会主义过渡，实行了民族区域自治。在党和国家的帮助、扶持下，景颇族的社会、经济、文化发生了翻天覆地的变化，各项事业获得了突飞猛进的发展。景颇族的历史翻开了新的篇章。

向社会主义直接过渡

新中国成立初期，在由新民主主义社会向社会主义社会过渡的过程中，党和政府对一部分保持着原始公社制残余的少数民族，实行了不经过民主改革运动，在国家帮助下直接向社会主义过渡的政策。这一政策发端于云南，而云南直接过渡政策提出的基础又是源于对德宏芒市西山乡景颇族情况的调查研究。景颇族是直接过渡政策出台的样本民族。

1953年7月，云南省边疆工作委员会派出调查组与民族工作队一起，用时40多天，对德宏潞西县（今芒市）西山乡的41个景颇族为主的聚居村寨进行了深入调查，得出了"景颇山区及类似地区（傈僳族、德昂族山区），阻碍社会生产力发展的主要因素不是阶级剥削关系，而是原始氏族社会的残余和文化落后，景颇族地区土改内容不多，不必把土地改革作为一个专门阶段来进行，可以通过互助合作，发展经济和文化，消灭原始因素和落后因素，逐步向社会主义直接过渡"的结论。这一结论得到了云南省委的支持和认可，提出在某些类似民族地区实行"直接过

用简单的工具脱粒

渡”。1954年6月，中共云南省委综合有关调查研究的请示，得到中央批准，“直接过渡”政策正式在景颇族地区开始实施。

景颇族传统的播种方式

以物易物，用兽皮与汉商交换农具

景颇族之所以被选为直接过渡政策出台前调查研究的样本，是由景颇族当时社会、经济、文化发展情况决定的。新中国成立前，景颇族的社会经济相对落后，社会经济结构呈多种状态，有的地区进入了封建社会初期，但多数地区仍属于农村公社公有制为基础的社会，还保留着原始农村公社的若干特点。部分地区保留着旱地、山林、牧场村社公有，水田属私人所有，并可以典当、出租或买卖；一部分地区除山林、牧场公有外，其他都逐渐向私有制发展，并出现了出租水田、耕牛、债利、雇佣等剥削，产生了阶级分化。但总体处于阶级分化不明显，土地集中程度不高，生产工具、技术简单，耕作粗放，生产力水平、文化素质低，社会发展缓慢，普遍存在杀牲献鬼严重等状况。落后的生产方式对生产力的严重束缚，比阶级关系问题更为突出。阻碍景颇族社会生产力发展的主要因素不是阶级剥削关系，而是农村公社制度的残余和社会、经济、文化的落后。重要的任务是克服原始落后，大力发展生产力，推动社会的发展。

直接过渡的措施

本着“团结、生产、进步”的方针，采取大力帮助他们发展生产和文化的措施，不分土地、不划阶级，通过互助合作的方式发展生产，发展文化教育事业，帮助景颇族人民跨越多个社会发展阶段向社会主义直接过渡。直接过渡在景颇族地区的具体实施措施包括：政治上宣传贯彻党的民族平等、团结政策，按照自愿、互利的原则和示范吸引的方法，逐步建立互助组和生产合作社，建立乡政府和生产文化站，取代山官头人制度；经济上资助贫苦农民和互助组、合作社，解决农具、种子、耕牛和口粮等困难，鼓励兴修小型水利，开发水田，改变落后的耕作方式；在文化方面，开办不同层次的学校、医院和卫生院、卫生所，发展文化教育和卫生事业。

开荒垦田

景颇族直过区三台山文化站文化服务社

生产文化站

直过区的景颇族人口有7万多人。1954年，德宏傣族景颇族自治区工委根据以景颇族为主的德宏直过区村寨分散、交通不便、经济文化落后的特点，参照苏联在北方原始落后的少数民族中用组织文化站的形式开展工作的方式，在德宏直过区建立生产文化站，帮助直过区的景颇等民族向社会主义直接过渡。从1954—1957年，德宏选择了17个人口比较集中、交通比较方便，并有一定发展前途的景颇族直过区的中心地区，建立了17个生产文化站。生产文化站是直过区的区一级的政权组织，是一种综合性的领导机构，在党组织的领导下，组成站务委员会开展政治、经济活动，履行上级的政策与法令。生产文化站下辖几个乡。生产文化站所在地，设有粮食、银行、卫生、学校、农技、税务等部门和民族贸易商店，是当时直过区的区域性政治、经济、文化中心。

◀ 景颇族小学生在上课

直接过渡在景颇族地区是一项重大的社会变革，从1954年到“文化大革命”前，直接过渡政策的实践在景颇族地区取得了一系列显著成就。通过团结改造山官头人，加强党组织和人民政权在农村基层的建设，景颇族地区彻底瓦解了山官的统治，建立起了社会主义政治体制；通过土地所有制、分配制度变革，使景颇族在生产关系上一步跨入了社会主义社会，实现了历史性的飞

知识链接 **直接过渡** 指的是新中国成立后，在由新民主主义社会向社会主义社会过渡的过程中，一部分保持着原始公社制残余的少数民族，不经过民主改革运动，在国家帮助下直接过渡到社会主义。直接过渡政策发端于云南，1954年6月，经中央批准，“直接过渡”政策正式在云南景颇、傈僳、德昂、独龙、布朗、怒、佤、基诺等八个民族和部分拉祜族、苗族、瑶族等17个民族共60万多人口的地区实施。之后，在全国其他发展相对滞后的民族地区施行。直接向社会主义过渡的民族包括独龙族、基诺族、鄂伦春族以及部分景颇族、崩龙族（现称德昂族）、怒族、傈僳族、佤族、布朗族、黎族、鄂温克族等，共约70万人口。直到中华人民共和国成立时，仍不同程度地保存着原始公社制或向阶级社会过渡的社会形态。中国共产党和人民政府根据这些民族的社会发展状况，决定不在这些民族中进行系统的民主改革运动，而采取大力帮助他们发展生产和文化的措施，逐步实现合作化，跨越阶级社会诸阶段而直接过渡到社会主义。直接过渡的宗旨是本着“团结、生产、进步”的方针，帮助这些民族逐步完成某些环节的民主革命任务，直接过渡到社会主义。此后，把这类不分土地、不划阶级的地区称为“直接过渡区”，简称“直过区”。

跃；通过扶持发展生产，淘汰了阻碍生产力发展的某些落后因素，景颇族的经济状况有了较大改变，粮食生产、经济作物以及畜牧数量等方面都有了较大的增长，交通运输和商品流通有了一定改善。通过开办寄宿制学校、工读学校和各种短期培训班，培养了一批农业技术、合作社财务会计、卫生员及经营管理等景颇族发展所需要的人才，选拔景颇族青年到民干班、民干校及民族学院学习，培养了一批景颇族基层干部。此外，通过发展普通中、小学教育，培养了景颇族的新一代。这些成就，为景颇族今后的经济建设和社会发展打下了良好的基础。

实行了民族区域自治

新中国成立前，景颇族的主要聚集地德宏地区，存在着“土流并治”的政治格局。除国民党云南地方政权设立的国家政治体系县政府和设治局外，还有十个傣族、汉族土司和400多个景颇族山官作为国家政治体系内的次级政治体系并存。一方面，在县及设治局下推行保甲制度，另一方面，土司、山官仍旧继续保有地方行政管理权。包括景颇族在内的德宏各民族人民承受着国家政治体系和民族次级政治体系的多重统治和压迫，各种社会矛盾错综复杂。由于历史上民族压迫，民族内部剥削制度的存在，社会阶级矛盾往往和民族矛盾交织在一起。解放初期，景颇族聚集的德宏边疆，民族之间和民族内部存在着权利关系的不平等，民族之间存在着不信任和歧视的民族隔阂壁垒，民族隔阂状况严重。

民族区域自治是中国共产党运用马克思列宁主义解决国内民族问题的基本政策，是国家的一项重要政治制度。中华人民共和国成立时，在共同纲领中就规定了“国内各民族一律平等”，“各少数民族聚居地区实行民族区域自治”和各少数民族应该享受的各种权利。德宏是傣族与景颇族的聚居区，根据党的民族区域自治的政策和“共同纲领”的规定，居住在德宏地区的景颇族完全符合与傣族联合实行民族区域自治的条件。1952年底，中共云南省委决定在德宏地区实行民族区域自治，这一决定得到了德宏的

德宏傣族景颇族自治州第一届人民代表大会召开

傣族、景颇族及其他各族人民的拥护和支持。1953年7月，建立德宏自治区的方案得到中央人民政府政务院的批准，德宏的景颇族与傣族共同实行了民族区域自治，成立了德宏傣族景颇族自治区人民政府。1956年5月，根据1954年10月颁布的《中华人民共和国宪法》关于自治地方分为区、州、县三级的规定，德宏傣族景颇族自治区改名为德宏傣族景颇族自治州。自1953年实行民族区域自治以来，景颇族人民的合法权益得到了充分的尊重和切实的保障。

政治权利得到了保障

1953年德宏傣族景颇族自治区建立，景颇族人民当家做主的政治权利从制度上得到了保障。自治区人民政府成立时，召开了自治区首届人民代表会议，406位各民族各界代表出席了会议，其中景颇族代表94位，代表中有一定数量的民族头人和宗教人士。自治区首届人民

德宏傣族景颇族自治州人大颁布的单行条例

代表会议代行使人民代表大会的职权，选出了自治区人民政府主席一人（傣族），副主席7人，其中景颇族3人。景颇族与其他民族联合组成了区自治机关，实现管理本地方民族内部事务的权力，实现了当家做主的愿望。自此以后，自治州政府的主要领导都由景颇族干部担任；历届全国人民代表大会和省、州、县、乡各级人民代表大会的人民代表、政协委员中，都有景颇族的代表；州、县市人民代表大会常务委员会主任或副主任和州、县市人民政府的其他组成人员中也有景颇族干部任职。

文化和宗教权益得到了尊重和保障

景颇族的风俗习惯得到了尊重，目瑙纵歌节，通过德宏傣族景颇族自治州人大的地方法规被确立为景颇族人民的正式民族节口，景颇族丅部、职工在自己的节日里享受到了休假的待遇。景颇族的传统文化得到了发掘、保护和发展，目瑙纵歌被申报成为国家和省的非物质文化遗产项目。景颇族使用和发展民族语言文字的权利得到了充分的保障，德宏傣族景颇族自治州先后创办和建立了一批使用景颇族民族语言和文字出版、发行、播出和演出的报纸、杂志、出版社、广播电台、电视台和文艺团体，党政机关、企事业单位的牌匾印章都使用傣、景颇和汉三种文字。景颇族的宗教信仰自由得到了尊重和保障，各种合法的宗教活动都能够正常进行，信教群众合法的宗教需求得到充分满足，宗教界人士和宗教团体的合法权益得到了充分保障。

用景颇文、汉文和傣文书写的牌匾

民族区域自治制度实行以来，景颇族聚居的德宏傣族景颇族自治州的政治、经济、文化、社会事业建设等都取得了巨大的发展成就。通过多年的努力，历史造成的各种民族矛盾、排斥和隔阂，得到了有效的疏导、化解、控制和管理。在政治上各民族共同当家做主，历史上坝区民族统治山区民族、大民族统治弱小民族的政治关系已不复存在；文化上实现了互相尊重、互相学习，多元的民族文化兼收并蓄、共同繁荣；生产、生活上，各民族之间相互依存、互相帮助；交往中相互信任、优长互补，你中有我、我中有你的源远流长的血缘和亲缘关系得到加强和发展。景颇族与其他民族之间已经稳固地建立了平等、团结、互助、和谐的社会主义民族关系。

景颇人民奋力向小康

为了加快景颇及其他民族的发展建设，党和国家对景颇族聚居地区，给予了一系列的特殊优惠政策和资金、项目等方面的大力扶持和相应的照顾。在党的民族政策光辉照耀下，在党和国家的帮助、扶持下，景颇族地区的社会、经济、文化发生了翻天覆地的变化，尤其是改革开放以来，各项事业获得了突飞猛进的发展。

农业发展

茶叶生产

实现了粮食自给有余，改变了过去缺吃少穿的状况。昔日刀耕火种，“种一坡，收一箩”的景颇人，不仅学会了种植杂交稻、学会了塑料薄膜定向移栽技术，懂得了杂交稻制种，而且还懂得了用保险为尚处于稚嫩阶段的山区科技撑腰。特别是近年来，景颇族聚居的德宏傣族景颇族自治州，加大种植结构调整力度，优化农产品布局，突出特色，大力发展优质高附加值的农产品，全州农业和农村经济稳步增长，农业和农村经济呈现出了良好的发展势头，粮食总产量有所增加，

建设中的景颇族新村寨

橡胶林

用碾米机加工粮食

牧场

甘蔗产量跃居全省第一，经济作物种植面积突破了百万亩，林产业、畜牧业、乡镇企业迅速发展。

生活改善

随着经济的发展，景颇人的生活条件进一步改善，80%的景颇族人家盖起了瓦房，很多人家购置了现代化的家用电器，部分人家购买了碾米机、汽车、拖拉机、摩托车。过去，当地汉族有谚语说："景颇族一厩牛，财富在里头"，如今，衡量景颇人贫富的标志已不再是牛，而是汽车、拖拉机、摩托车和新建的房屋。

工业发展

工业从无到有，一张白纸上绘出了新美的图画。新中国成立前，景颇族地区没有工业，现在景颇族居住的德宏州已形成了以制糖工业为支柱，同时拥有电力、冶金、制药、煤炭、建材、食品加工、橡胶制品、玉雕等门类的工业体系。随着景颇族聚集区工业的发展，景颇族的工人队伍也在成长，许多州、县属的企业都有景颇族工人，他们在这些工厂中，学到了技术，为景颇族地区工业的发展做出了贡献。

商品经济长足发展

景颇族长期以来处于以农业为主的自然经济，社会内部分工不发达，手工业尚未与农业分离，社会内部商品交换关系不发达，商品意识淡薄。新中国成立时，只在邻近边境交通沿线的景颇族地区出现了兼营性的商贩，整个景颇族地区，基本上还没有专业商人。改革开放前，由于受社会大环境制约，景颇族的商品经济发展十分缓慢，商品经济行为仅囿于在集市出售少量自给有余的土特产品。20世纪80年代后，随着改革开放的深入，德宏地区边境口岸的开放和边境贸易的空前发展，景颇族的商品经济意识随之有了很大发展，商业从业人员逐年增加，景颇人创办的商业实体开始跻身商场，经营方式包括集市贸易、经销、贩卖、长途贩运、个体企业、边民互市、推销、采购等。还出现了经营工程建筑、酒店旅游、房地产、冶金、现代农业及航空业的景颇族

瑞丽航空有限公司班机

民营企业集团。改革开放30多年来，景颇族的商品经济得到了长足发展。

交通条件日益改善

昔日，景颇族山区交通闭塞，出行困难。连接村寨和外界的道路均为山间小道，雨季道路滑烂，“山高坡陡石头峭，一天爬不到半山腰”是新中国成立前景颇族山区交通状况的写照。新中国成立后，景颇山区的交通状况日益改善，景颇族聚居的德宏傣族景颇族自治州，实现了干线公路油路化、县乡公路网络化，公路四通八达。目前，景颇族聚居地区已经实现了村村通公路，出行已很方便。德宏傣族景颇族自治州州府芒市还修建了机

开往各地的班车

公路四通八达

场，有十几条航线连接省内外的各个城市。昔日，物资运输的人背马驮已被汽车、拖拉机运输所代替。交通的发展促进了景颇山区集镇贸易的繁荣和发展。如今，景颇人出行，不必再翻山越岭长途跋涉，飞机、汽车、拖拉机和摩托车已成了他们出行的便捷工具。

摩托车已成了景颇人便捷的交通工具

邮电通信业迅速发展

经过多年建设发展，邮电通信事业的装备水平不断提高，景颇族居住的德宏州已经建成了交换程控化、传输数字化的现代化电信网络。全州实现了乡乡通光缆，村村通电话；州内已建成两个环型传输网、数据宽带网等多种先进的业务网；建成开通了CDMA无线市话网络，网络覆盖范围通达全州各县市城区、城郊和主要发达乡镇，信息传输快捷灵通。

手机成为景颇人日常的通信工具

教育事业成绩斐然

1949年以前，景颇族除了山官子弟可以进学校受教育以外，绝大多数景颇人尤其是居住在山区的景颇族群众基本是以刻木记事，

德宏傣族景颇族自治州第一民族中学教学楼

开展景汉双语教学的草坝寨中心完小

用豆粒计算，有文化的人很少。新中国成立后，党和国家拨出了大量的资金发展少数民族教育，20世纪50年代，德宏地区开办了一批寄宿制民族学校，对少数民族儿童入学给予优待，在山区创办了一批半耕半读学校，招收年龄较大的学生，给他们提供学习的机会。实行人民助学金制度，进行免费教育，对景颇族地区的寄宿制学校，则基本实行全供给制。经过60多年的发展，景颇族山区都建立了小学，州、县、乡都设有中学，德宏傣族景颇族自治州的州府所在地芒市还建立了德宏师范高等专科学校、德宏职业学院和一些中等专业学校，为景颇族培养了大批的专业人才。

在教育过程中，为了让不懂汉语的景颇族学生能够更好地思维和接受需要学习的知识，除使用汉语教学外，长期以来，教育部门在景颇族地区的初级教育中坚持开展汉语和景颇语的双语教学，在民族高等院校和地方民族师范学校开设景汉双语教学专业。在党和国家的大力帮助培养下，现在，景颇族每万人口中已拥有大专及以上文化程度人口335人，高中文化程度人口526人，初中文化程度人口2 295人，小学文化程度人口4 951人。景颇族拥有了本民族的学士、硕士和博士。在德宏傣族景颇族自治州获得了各类专业技术职务资格的景颇人已上千人。

文化事业蓬勃发展

在党和政府的关怀下，景颇族的图书出版、体育、广播电影电视等民族文化事业得到全面发展。发掘整理了一批包括文学、音乐、舞蹈等内容的景颇族非物质文化遗产。培养了一批文化、艺术人才，景颇族产生了一批当代文学作家。成功打造了“目瑙纵歌”民族文化品牌。建立了景颇族博物馆保护民族文化遗产。1999年2月，德宏傣族景颇族自治州建立了以弘扬、展示景颇族歌舞为主旨的景颇族歌舞团。在党和政府的扶持、鼓励下，有不少优秀的景颇族歌曲和舞蹈作品面世。各乡村都建立了文化站或文化室，丰富了景颇族乡村的文化生活。

景颇文版图书

景颇族聚居乡的文化站

舞蹈史诗《烈焰景颇》剧照

▲

德宏傣族景颇族自治州中医院与德宏州人民医院住院大楼

医疗卫生发展成绩卓著

新中国成立前，景颇族地区缺医少药，各种烈性传染病流行，尤其以恶性疟疾为甚，患病的人很多，群众中流传着“六月、七月天灰灰，锄起锄落挖坟堆”的悲惨民谣。在各种疾病的威胁下，人们把杀牲祭祀作为抵制和治疗疾病的方法，得病就请董萨打卦占卜，献鬼治疗。新中国成立后，在党和政府的关怀下，景颇族地区缺医少药的卫生状况得到了改变，景颇族居住地区的州、县均建立了医院，乡建立了卫生所，村建立了卫生室，州、县、乡、村四级医疗卫生网络已经形成。近年来，景颇族乡村实行了新型农村合作医疗，实施了“乡村卫生服务管理一体

景颇家庭

化”，景颇族群众“看病难”“看病贵”的问题有所缓解，人民健康水平有了很大提高。昔日疫病流行的景颇山，如今人丁兴旺，欣欣向荣，景颇人民正在奋力迈向小康。

第四章
多元信仰

宗教从产生、发展到今天，已经成为一种世界性的思潮和现象，世界上几乎没有哪一个民族不信仰宗教，景颇族也不例外。目前，景颇族中并存着两种类型的宗教信仰，一种是不知道已经秉承了多少年代的本土宗教；另一种是传入时间刚逾百年的基督宗教。

世代秉承的本土信仰

景颇族长期信仰着以自然崇拜为主、祖先崇拜为辅的本土宗教，依据进化论的分类即所谓的“原始宗教”。即便在今天，有神论依然是乡村景颇族普遍存在的世界观，本土信仰仍然是大多数乡村中景颇族人的信仰。

万物有灵

万物有灵是景颇族本土信仰的核心观念。在本土信仰中，景颇人的世界是一个万神的世界，他们相信灵魂不灭和万物有灵。认为人的灵魂不仅归附肉体，还可以与人的肉体分离，并且能够支配生命。在正常状态下，人在睡眠时，灵魂会离开肉体四处游荡，梦是灵魂离开肉体在外游荡遭遇的折射。在遭遇惊吓或自然力量侵害时，人的灵魂也会离开人的肉体，且不能自主复归，如果不举行叫魂仪式把离开的魂复归肉体，人便会死亡。人的灵魂在附着肉体的时候，除了对其所附着肉体的生命有支配能力以外，不会对他人造成危害。景颇族认为人逝而灵魂不灭，灵魂不会因为肉体的消亡而灭亡，肉体消亡后，灵魂会去到祖先居住的老家与祖先在一起。如果亡人的灵魂没有能够送到老家，就会变成具有作祟功能的“南”。景颇人认为，不仅人是有灵魂的生命实体，世界万物与人一样，都有灵魂。凡动物、植物

祭坛

以及自然界的日、月、山、川、风、雷、土地、巨石、山谷等自然物，无一不附有精灵。这些自然之物的精灵，也都是具有作祟功能的“南”。

神鬼精灵“南”

景颇族把神和鬼都称为“南”。在景颇族的本土信仰中，世界上充斥着形形色色的神鬼精灵“南”。据统计，各地景颇族所信奉的“南”有100多种，主要分为三大类：一类是天上的南，如崩陪（风神）、穆南（雷神）、占南（太阳神）、诗达南（月亮神）等，其中以太阳神“占南”为最大；一类是地上的南，如斯氏仆（土地神）、直筒南（山神）、卡南（水神）、曼南（谷神）、万南（火神）等，其中以土地神“斯氏仆”为最大；再一类是供奉在家堂上的家神“永南”。“永南”是各家供奉在家堂上的“南”的总称，其中以木代南为最大，但是木代是山官家的家神，过去只有官家才能供奉。

目瑙纵歌时祭祀木代神

祭祀

在景颇人的观念中，“南”居于支配一切的地位，各种事物的存在和变化都受“南”的支配。“南”有善、恶之分，善“南”给人庇佑，带给人们清吉平安、五谷丰登、人畜兴旺；恶“南”则常给人带来灾难和疾病。但是，某些“南”的善、恶性质并不固定，为了酬谢善南，祈禳恶南，人们认为必须定期和不定期祭祀，以博得南的欢心。

知识链接 **木代南** 景颇族本土信仰体系中的家鬼和天鬼。在景颇族的本土信仰体系中，它能给人带来财富，保佑人们身体健康。传说木代是天神彭干支伦和木占威纯的幼子。景颇族实行幼子继承制，故在诸多的天神中，作为幼子的木代为大，须用隆重的目瑙纵歌进行祭祀。在山官制度尚存的年代，木代南只能由山官家供奉和祭祀。供奉和祭祀木代南是山官权力的象征。

由于景颇族认为人的生老病死，庄稼的丰歉，牲畜的兴衰，各种生活、生产活动无不与神灵发生联系，为了祈求神灵的保佑，换取神灵的欢心，在景颇族的社会生活中存在着大量祭祀神灵的宗教活动。新中国成立前，景颇族对神灵的崇拜，渗透到了社会生活的各个方面，神灵紧紧地控制着人们的精神生活，对神灵的祭祀活动成了他们的精神寄托。景颇族社会中的祭祀活动，主要集中在生产和生活两个方面。

在生产方面，宗教活动主要是农业祭祀。农业是景颇人的生计，五谷丰登、六畜兴旺，是保证生活充裕的前提。因此，在景颇人的观念中，与农业生产有关的“南”特别多，例如，占南（太阳神）、崩陪（风神）、穆南（雷神）、迷南（土地鬼）、卡南（水神）等，他们都与农业的丰歉、六畜的兴旺有很大关系。要获得五谷丰收、六畜兴旺，必须献祭这些相关的“南”，求得他们的恩赐。过去，在景颇人传统的生产活动中，从选地、开荒、播种到谷物归仓，有梦地、祭祀龙尚、献谷堆、叫谷魂等一系列宗教活动相伴随。其中尤其重要的是祭祀龙尚。

播种仪式

龙尚祭坛

祭祀龙尚

龙尚是景颇族村寨祭祀公共神灵的地方，汉语称为“官庙”。龙尚是在村寨入口处的树林中搭建的一个祭坛，坛上供奉着用竹筒作为表征的天、地、太阳、山林及水等神明，以及本村寨、本地方做出过特殊贡献的氏族和家族首领的亡灵，如山官家的祖先以及创建村寨之人的亡灵。在景颇人心目中，这些神灵不仅对个人而且对整个村寨的风调雨顺、人畜平安、五谷丰登都具有保护作用。景颇人把供奉在龙尚中的神灵通称为“拾洼南”（公共的神灵），为全寨居民共同崇敬，具有村寨神的性质。由于这些神灵的神圣性，设有龙尚的树林随之成为村寨的神圣之地，除祭祀时间外，任何人不能随意出入，不能到林子里放牧，树木禁止砍伐，树林附近禁止大小便，路过这里不能大声喧哗，骑马路过这里须下马步行。村寨每年都要对龙尚进行集体的祭祀，祭祀从春耕播种到秋收前要进行两三次，祭祀次数各地情

龙尚祭祀

丧葬活动中的祭祀

祭祀口舌鬼

况不同。春耕时节祭祀龙尚后才能播种，秋收之前，祭祀龙尚后才能收割。龙尚祭祀以村寨为单位进行，整个村寨每家每户都要为祭祀活动的开支平摊费用，并派一名男性参加活动。祭祀结束后，大家一起聚餐，并将祭祀牺牲的猪或牛肉平分到各家各户。龙尚祭祀活动除了宗教意义上对村寨保护神进行祭祀外，还具有通过平摊费用和分肉活动体现个体家庭和村社集体之间相互认同的社会含义。20世纪60年代，伴随着“文革”“破除迷信”的

“革命”，龙尚祭祀活动被废止。“文革”结束后，随着国家宗教信仰政策的放宽，有些村寨又恢复了龙尚祭祀。

除了生产方面的祭祀活动外，新中国成立前，日常生活中存在着大量定期和不定期的祭祀，无论婚丧嫁娶、节庆、拉事械斗、建房起屋、春播秋收、出征打仗、外出远行、身体不适、遭灾发财、解决纠纷等都要祭祀，以祈祷善南保佑，祈禳恶南的攻击。常见的祭祀有疾病祭祀、婚丧过程中的祭祀、祈福消灾的祭祀、进新房仪式中的祭祀等等。在这些祭祀活动中最重要的祭祀活动是祭祀家中供奉着的“永南”。

永南告

“永南”是供奉在家堂上的各种“南”的总称，永南告是祭祀“永南”的仪式。在20世纪50年代前，绝大多数景颇族家庭都供奉着“永南”。各家的“永南”名目、数量各不相同，这些被供奉在家堂上的“永南”，除天神以外，主要是已故祖父母或父母的亡灵。在家中供奉亡灵并非有意而为，是丧葬仪式后，魂未能被送回老家的正常死亡的老人的亡灵，一般最多供奉三代，三代以上的不多。除祖先的亡灵外，一般还会供奉几个特殊的“南”，视各家情况各有不同。“永南”被认为与人的生活联系密切，能保佑家人和家宅平安，因此，祭祀频繁。除每年两三次定期祭祀外，结婚、进新房、婴儿出生等都要进行祭祀。祭品一般是猪和鸡，隔两三年还要献一头牛。由于“永南”对保佑家庭平安有着特别重要的意义，所以祭祀时祭品要比祭祀野外的“南”的规格要高。

供奉永南的神龛

除供奉在家堂上和龙尚中的“南”外，其他的“南”平时都不供奉，只在人们需要时才有选择地进行祭祀。在日常生活中，解除病痛的祭祀是最为频繁的宗教活动。受宇宙泛灵观念的支

20世纪50年代董萨杀鸡祭祀的场景

配，景颇族把疾病的产生归之于“南”的作祟。在景颇人的观念里能导致疾病的“南”很多，其中常见的是宁速、子桐等。凡有人生病，首先就请董萨占卜，通过卜卦判定是受到了哪一种“南”的攻击，之后再通过卜卦问出祭祀所需要的牺牲，最后再由董萨进行相应的献祭。在景颇人的观念中，这是一种“对症下药”的方式，找准了作祟的鬼灵，使用了适合的牺牲，杀牲献鬼后人的疾病就有希望治愈。新中国成立前，景颇人在宗教活动方面的花费很大，直接影响到了他们的生产和生活。

宗教师

在婚礼中进行祭祀的董萨

董萨是景颇族的宗教师，负责主持宗教和一些世俗的仪式，是人与鬼神之间的媒介。在本土宗教活动中，董萨是一个十分重要的角色，是宗教活动不可或缺的重要人物。他们为家庭、个人占卜、献祭和祈祷，为整个村寨禳灾弥祸，对本土信仰体系下的景颇族群众很有影响力。过去，山官在辖区进行大规模的行动前，都要请董萨占卜、诵咒，请求神灵指示；战争中请董萨通过与神灵对话鼓舞士气；战后“洗寨子”安抚死难者也离不开董萨；在对违反习惯法者的处理过程中，常常需要董萨通过占卜追究责任，让神明判决；山官或百姓家有人生病或有婚丧大事，都要请董萨占卜念鬼；家中有人亡故要请董萨把亡魂送往祖先发祥地；每年下种和秋收前祭祀龙尚中的公共神灵和各种祈求平安、幸福和禳灾的活动都由董萨唱主角。在景颇族社会中，宗教仪式同景颇人的生产活动和日常生活是紧密相连的，宗教与民俗常常融为一体。这是景颇人在还无法解破大自然难以计数的奇谜和无法有效地抗拒大自然重压的时候，求助于信仰来实现人与自然和谐的一种表现。在景颇族聚居区，几乎村村寨寨都有董萨，而且从数量而言，在20世纪50年代以前，他们的人数超过了山官和村寨头人的总和。

董萨在龙尚中祭祀

董萨不是专门的宗教职业者，他们一般不脱离生产劳动。景颇族社会根据对本民族文化历史知识掌握的程度，本人的社会经历和能力以及对祭祀、占卜、巫术运用的熟练程度，把董萨分为不同的级别。最高级别的董萨是“斋瓦”，是主祭天神木代的大宗教师，能以歌来吟唱历史，被认为是懂得景颇族历史知识最多、学问最渊博的人，备受人们的尊敬。斋瓦之下是董萨、强仲、迷推、努歪。董萨之中又分为嘎董萨、大董萨、西早董萨、小董萨。不同等级的董萨有自己的活动范围。嘎董萨能主持祭祀地鬼和天神；大董萨能主持祭祀家堂中的“永南”；西早董萨专门

卜卦用具

强仲在分割祭品

为死人送魂；小董萨只能主持供奉那些以鸡、干鱼、老鼠为祭品的祭祀；强仲是董萨的助手，祭祀时专门负责安排祭品，如不同祭祀所需的不同种类、祭品和不同牺牲的部位，都由他负责切割和安放摆设；迷推是人与鬼神之间的中介人，人可以通过他的嘴向鬼神转达愿望和请求，鬼神可以借他的嘴来转达意愿和要求；努歪则专门负责打卦。

在万物有灵信仰体系下，多神崇拜的神鬼观念和献祭活动，在生产、生活中不断地被习俗化，已经内化为景颇族传统文化的“基因”，成为景颇族人生产生活习俗的重要组成部分，形成了景颇族社会中带有浓厚本土宗教色彩的习俗文化体系。目前，景颇族的本土宗教信仰状况有了很多改变，村民宗教生活中最大的改变，在于“永南”供奉的废除。家中依然供奉着“永南”的人家已经寥寥无几。

百年舶来的基督宗教

景颇族是我国西南少数民族中信奉基督宗教的一个重要民族。19世纪以后，除了本土信仰以外，舶来的基督宗教逐渐在景颇族中传播。传入景颇族地区的基督宗教，既有基督教，也有天主教。基督教的传入早于天主教，而信徒也以基督教人数为多。

教堂中的礼拜

基督教信徒的家庭祷告会

基督教在景颇族地区的传播历史

景颇族聚居区的基督宗教主要从缅甸克钦族地区传入，其传入的发端与19世纪末英国对缅甸的殖民统治紧密相关。

1885年，缅甸全境沦为英国殖民地，大批传教士被派往克钦族地区，基督宗教在这些地区迅速发展起来。1907年缅甸浸礼会勐巴坝教会的克钦族传教士德毛冬到瑞丽等嘎寨开办了教会，在中国景颇族地区建立了第一个立足点，开创了景颇族信仰基督教的历史。此后，大批法国、英国、美国的浸礼会传教士从缅甸接踵而至进入德宏景颇山寨传教，到20世纪50年代，德宏景颇族聚居的各县，均建立和发展了数量不等的教堂和信徒。1957年，德宏景颇族基督教徒发展到了6 060人，占当时德宏景颇族人口总数的8.7%。1966年活动中断。20世纪七八十年

知识链接 **基督教传入中国和云南的时间** 基督宗教最早传入中国，据史料记载，是在唐代初期的贞观年间，当时称为“景教”。后几经沉浮。1907年，基督教在上海召开了“百年传教大会”，基督教传入中国的时间被定为以英国传教士马礼逊来华为起始，即以1807年为基督教传入中国的开端。学术界一般也以此时间作为基督教传入中国的时间。《云南基督教史》以1881年6月27日，内地会英国传教士乔治·克拉克夫妇从上海出发，绕道缅甸抵达大理，在大理租民房开办了传教场所，作为基督教传入云南的标志。

▲ 新落成的山村教堂

代之交，党的宗教信仰政策得到贯彻落实，景颇族聚居地区的基督教也得以逐渐恢复。

基督教与景颇文

景颇文发端于缅甸，由西方传教士为传播基督教而初创。1885年，缅甸沦为英国殖民地后，西方各基督教会也开始向缅北地区扩充自己的势力范围。内地会、神召会、浸礼会、浸信会等教派组织，派遣了大批传教士前往有克钦族分布的地区进行传教活动。美国传教士库森（Cushang）和欧·汉逊（O.Hanson）等人先后在缅甸开始了景颇文的创制工作。1895年，几经修订后最后确立了拉丁字母拼音方式的景颇文。传教士用这套文字翻译和编写了大量的景颇文《圣经》《赞美诗》及各类基督教宣传手册、读物，还积极创办教会学校，培养景颇（克钦）族传教士，通过在教会学校普及和推广使用景颇文，利用景颇文的教育和推广，传播基督教的经典、宣传教义。景颇文的布道取得了显著效果，吸引了不少克钦人信教。

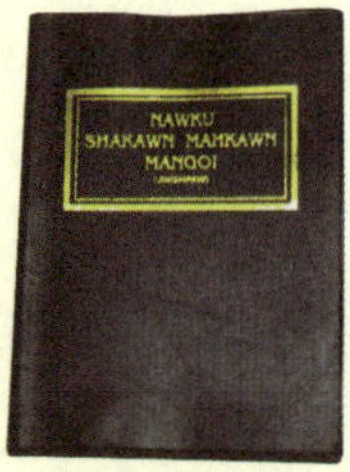

▲ 景颇文赞美诗

景颇族村寨的第一所教会学校

等嘎是基督宗教进入中国景颇族地区的第一个据点。1940年以前，等嘎一直是基督教在中国景颇族的活动中心。1921年，法籍传教士德仁康来到等嘎进行传教活动，第二年在这里开办了一

等嘎基督教堂

所教会小学，这是基督宗教在中国景颇族村寨开办的第一所教会小学，也是景颇族村寨中的第一所小学。这所学校主要招收6至12岁的儿童入学，向他们教授景颇文、英文、圣经故事、礼拜常识、算术等。教科书由缅甸印制，学校教师由传教士担任。学校的办学经费由缅甸的教会组织提供，此外，由于山官和本民族宗教上层的支持，教会学校还拥有山官赠送的田产，办学经费非常充足。1959年停止办学。

基督教节日

景颇族基督教信徒欢度的基督教节日，主要有圣诞节、元旦和感恩节。

圣诞节在每年12月25日举行。节日之际，景颇族信徒会与其他民族的信徒一起共同欢度，举行文艺会演、洗礼、讲经布道等活动。

圣诞节文艺演出

元旦，一般以各个聚会点为单位组织活动。元旦前一天晚上通常会举办文艺活动，晚上11点半，参加活动的教徒到教堂集中祷告。12点后，参加活动的教徒从教堂出发，挨家挨户地到信徒家拜年。元旦日，教堂还会组织体育活动。

感恩节是与景颇族传统的新米节结合在一起过。在每年稻谷收割完毕后举行，日期没有具体规定。届时，信徒们各自带着自己家收获的新米，到教堂凑在一起做一顿饭庆祝。有时，村寨教会会组织信徒到邻近的村寨与那里的教友联谊，一起庆祝节日。

第五章
人生礼仪

“十里不同风，百里不同俗”。在中国56个民族组成的大家庭里，每一个民族都有自己本民族特征的礼仪习俗。景颇族同样也有由自己民族的原则和规范形塑的独特的礼仪文化和礼仪习俗。在婚姻缔结过程中他们实行一种嫁出妇女和娶入妇女的不同姓氏互为墨尤—达玛的婚姻制度；面对死亡，他们以歌舞的方式悼念逝者，寄托哀思，驱散恐惧，温暖、慰藉逝者家人悲痛的心灵；在人际交往过程中，他们以传烟递酒来彰显希冀人与人之间相互友好、尊重、礼遇的诉求，以互致礼篮来盛放团结友爱、礼仪至上、礼尚往来、和谐相处的民族理想。

单向嫁娶的婚姻

墨尤—达玛的婚姻制度

景颇族有自己独特的文化和风俗，在婚姻缔结过程中他们实行的是一种嫁出妇女和娶入妇女的不同姓氏互为墨尤—达玛的婚姻制度，婚姻缔结必须遵守墨尤—达玛婚配的规则。

墨尤—达玛婚姻关系是一种家族结盟的契约。有墨尤—达玛关系的家庭，相互间有一定的责任和义务，在婚、丧、开荒种地、建房盖屋等活动中，人们会互相帮助。墨尤—达玛双方都会从这种关系中得到对方的帮助、支持和保护。墨尤—达玛婚制作为景颇人在婚姻实践中的一种创造，它缘起的时间已无从考证，但对于它产生的原因，一些人类学、民族学家通过研究认为，它是过去人口相对稀少、生产技术水平相对落后，而土地资源丰富的景颇族社会对生产基本要素人力资源的追求而产生的产物。

知识链接 **墨尤与达玛** 译成汉语，“墨尤”的意思是“丈人种”，“达玛”的意思是“姑爷种”。根据景颇族的习俗，两个不同姓氏的家庭如果缔结了婚姻关系，不仅会产生“姑爷”（女婿）和“丈人”（岳父）两种个人身份，同时也产生“姑爷种”和“丈人种”两种群体的身份。在这两种群体中，妻子一方的所有亲属成员都同时成了丈夫一方的“丈人种”，即景颇语称“墨尤”；同样丈夫一方的所有亲属成员也都成了妻子一方的“姑爷种”，即景颇语称“达玛”。简单说即嫁出女儿的家庭就是“丈人种”，讨入媳妇的家庭就是“姑爷种”。两个家庭一旦缔结了婚姻关系，就形成了固定的丈人种—姑爷种关系，也就是景颇语称的“墨尤—达玛”关系。

在墨尤—达玛关系中，“墨尤”的地位高于“达玛”，墨尤对达玛拥有仪式上和实际上的威望和特权。在现实生活中人们在处理与墨尤家相关的事情时都十分谨慎和谦恭。平日里，墨尤家的人来达玛家做客，一定要让上座，这是古老的规矩。

单向嫁娶的婚配 “墨尤—达玛”关系一经确立，双方家庭的嫁娶就必须遵守一定的规矩，墨尤（丈人种）家的男人不能再娶达玛（姑爷种）家的女人做妻子，达玛家的女人也不能再嫁到墨尤家做媳妇，联姻双方家庭的婚姻关系只能是单向嫁娶。在这种单向嫁娶的联姻习俗中，还必须恪守姨表不婚，同一姓氏和虽然姓氏不同，但认为有着同源关系的姓氏不通婚的原则。

着景颇服饰的新娘与新郎

过去，在墨尤—达玛婚配的原则下，备受推崇的是姑舅两家的婚配，舅父的女儿生来就是姑母儿子的当然妻子，而姑母的女儿却不能嫁给舅父的儿子。这是一种不对称的母方姑舅表兄妹优先婚，舅父的女儿生来就是姑母儿子的当然妻子，外甥有优先与舅父女儿结婚的权利。在舅父有女儿但年龄不合适，外甥需另行选择婚配对象时，须与舅父磋商，取得舅父同意。今天这种姑舅表联姻的情况已发生了改变。

在现实生活中，景颇人的墨尤—达玛联姻关系是很广泛的，一般情况下，一家人嫁出姑娘就成为墨尤，另一家娶进媳妇就成为达玛。每个家庭既是墨尤又是达玛，一般有几个女儿就有几个达玛亲家，有几个儿子就有几个墨尤亲家。不同姓氏的人家同娶一个姓氏人家的女性做妻子时，那这几个不同姓氏的人家就会把彼此视为一家人，他们会根据岁数和辈分的大小认定相互间的称呼。通过联姻建立起来的墨尤—达玛姻亲关系可以扩展到很远的地方和很远的亲戚中，它不受区域和支系的限制，形成一张复杂的亲戚关系网络。

在景颇族社会里，景颇人都是亲戚，不论生活在哪里的景颇人都只分为兄弟姊妹（包括堂兄弟姊妹和姨表兄弟姊妹）、墨尤、达玛这三种关系。从未见过面的景颇人见面时，首先要互通各自的姓氏及双方的墨尤、达玛的姓氏。所有的景颇人都能在这三种关系中找到自己的位置。墨尤—达玛婚姻制度就像一条纽带，有力地把景颇族联系和团结在一起。这种婚姻亲族制度和文化传统一直延续至今，景颇人借助这种婚姻制度形成了一种特殊的人际关系，对景颇人在生存和竞争中给予了很大的帮助。

变异着的规则 今天，墨尤—达玛婚配的传统在老一辈人的观念中依然根深蒂固。但对于青年一代来说，由于他们成长的环境与先辈有很大不同，在接受本民族传统文化的同时，也受到了现代文化的熏陶，他们的文化心理与恪守古制的老一辈已大相径庭。本民族传统的婚配观念在他们的意识中逐渐淡薄，但是，在景颇人聚居的乡村，青年们一般情况下仍不得不遵守这一传统，否则其婚姻会遭到老一辈的反对。过去，景颇族一般不与其他民族通婚。传统观念认为，“竹篾和线不能联结”。随着社会发展和人们思想观念的变化，今天，无论城镇还是乡村，景颇族与外族通婚的情况已相当普遍。同姓不婚的传统，在景颇族今天的婚嫁中仍受到尊重。虽然，同姓婚姻受到国家法律的保护，可同姓婚配的情况，在景颇族中基本不会发生。

婚恋形式

歌声寄深情 青年男女的爱恋情丝往往由歌声牵起。在景颇山，无论你走到哪里，都能听到悠扬、婉转、动人的歌声，从歌声中你会感受到景颇人山一样的性格和快乐的精神、聪颖的智慧。尤其到深夜，时常都会听到从寨子附近山坡上、丛林中或竹篷下传来的表达情谊的调子和彼此爱慕的歌声。有这样一首小伙子串寨遇见不相识的姑娘时唱的歌：

太阳金晃晃地照进了山坳，果子红红地布满了山坡。像一只孤独的“京桑”鸟，我逛到了这陌生的地方。这里看不见阿爸长刀晃过的影子，也找不到阿妈裙角拂过的痕迹，这里有一朵美丽的鲜花，却不知她姓甚名啥？我家里的阿妈需要帮手，要寻找一个勤劳的媳妇。我亲爱的姑娘啊，你看怎么办哟，来唱一段心中的歌吧，我心爱的花！

姑娘若被小伙的歌声打动，也会以歌回应，小伙子便会心领神会地来到姑娘身边。红线往往用歌声牵起。

树叶情书 过去，姑娘与小伙的恋爱，除用歌声表达心迹外，另一种方式是用树叶信在两人之间传达情意。景颇族有文字的历史不长，刚刚一个世纪，在文字诞生之前，景颇族中就流传使用着一种用实物表达情感的实物表意的“文字”。景颇族的这种实物表意文字，主要是通过借音表意或借形表意的方式来实现其“文字”的功能。

竹林相会

借音表意，是借实物名称的语音与所要表达的词汇之语音所具有的相同音节，采取谐音的方法，以音表意。例如，树根，景颇族载瓦语读音为“省明”，在传播信息的过程中，它表达的意思为“思念”，“思念”的载瓦语读音为“明”。“省明”与“明”有一音相同，树根这一实物取它与所代表的词汇“思念”的一个相同音，采用谐音的方式发挥它的“文字”功能。借形表意，是借实物的形态、形状来表达词汇的含义。例如，载瓦语称一种顶端开白色花团的草本植物为“额曼”，在信息传递过程中它代表的含义是“白头偕老”。因为这种实物表意“文字”中有很多是植物，所以人们又常把用这种实物“文字”传递的信称为“树叶信”。

知识链接 树叶信常用于传递思念、问候的信息和青年男女恋爱过程中互表情意的信息。当某人想念远离的家人、亲朋好友时，常常把各种表意植物和实物组合在一起，托人捎去，把思念的信息传递给对方。

过去，景颇族青年男女恋爱，往往是由山歌牵起情思，用树叶寄托深情。对恋人的思念、爱恋和幽怨都用歌声和树叶信来表达传递。当一个小伙子爱上一个姑娘，最普通的方法是用树叶包上树根、大蒜、火柴，用线很讲究地捆扎好，请人带给姑娘。意思是：我想念你，请你考虑我们俩的事，你到哪里我都要来寻找你。姑娘收到信，如果她喜欢小伙子便会将原信带回，表示她与小伙子有同样的想法。如果姑娘拒绝小伙子的求

一封表达爱意的树叶信

爱，就在原物上加上火炭，表示收到信非常恼火。还有一种比较含蓄的方法是采一片不愿出嫁叶送回去，用它来表达难以出口的意思，既明确又不伤和气。今天许多姑娘仍采用这种方式来处理恋爱中的难题。倘若姑娘还需要考虑，就加上奶浆草，小伙子收到后，会再回一封两片嫩栗树叶面对面合在一起的信，表示想和姑娘生活在一起。若再加上玉米、豆子、谷子，则表示了和姑娘建立家庭的强烈愿望。若提出结婚要求，则在信中放上一种象征婚礼的“蓬棒”草。姑娘同意就送一点草烟作为回礼。

对于用来传播爱情信息的信件，树叶的组合有一定的规定，凡是用于恋爱场合的植物，每一种不同的植物叶片必须是双数。表达友爱、相爱的信息时，两片叶子要面对面贴在一起；传达分手的信息时，两片叶子背面对背面贴在一起。打开植物信件，看到叶子组合的形式，使可知道这封信所要传达的信息的性质。同样叶子组成的一封信，树叶正反面的组合不同，信的内容就相反。捆扎信包的线也有讲究，线上结着的疙瘩，表达着相爱、友好绝交的信息。

树叶信是景颇人与大自然和谐相处过程中对自然资源进行的文化创造。在景颇文诞生以后，这种“文字”在景颇族的景颇、载瓦等支系中还有使用。

用鸡蛋卜卦决定婚姻

卜卦定婚姻　在景颇族的传统习俗中，婚配对象选择的主动权在男子一方。他们在选择婚配对象时，往往会对女方家的各个方面做认真的考察，考察满意后，还要通过占卜的方式，看预选对象与自家的儿子是否适合生活在一起。婚姻占卜的方式有薄竹卦和鸡蛋卦等多种。占卜后，适合的人选一般才进行婚配。

婚姻程式　景颇族的婚姻缔结，无论是男女自由恋爱，或是由父母帮助选择联姻对象，结婚的程式都以提亲、商议聘礼、择日迎娶的“嫁娶”的方式进行。在婚姻的缔结过程中，双方父母不亲自出面商谈婚姻的具体事务，而是交由媒人去具体协商决定。

知识链接 **媒人由男性充当** 景颇族的媒人只能由男性充当。媒人在景颇族社会不是一种职业，充当媒人在景颇族社会中被视为一种帮忙的行为。在被乡邻请做媒人时，无论是否乐意，被请的人都不能推辞，这是景颇族社会中的一种默契。由于所有联姻事宜均交由媒人全权代理，因此，他们是当事双方的代言人。女方的媒人叫“长统”，男方的媒人叫“勒脚”。联姻中议聘时，双方的媒人会从中协调双方提出的要求，以达成一个彼此都能够接受的数目。

▲ 刀与矛是嫁妆中的必备之物

聘礼与嫁妆 婚礼中来自姑爷家的聘礼称之为“泡屯”，意思是给丈人家的“吃”礼；而来自于丈人家的嫁妆称之为“石荣”，意思是丈人家的还礼。聘礼和嫁妆的比例一般都成正比，聘礼给得多，陪嫁的嫁妆也多。在姑爷家的聘礼中，铓锣是不可缺少的，在丈人家的嫁妆中，长刀（或长矛）不可少。长刀象征丈人种、姑爷种的关系长此以往、代代相传；铓锣，有人认为代表着女性，姑爷种给丈人种送铓锣则象征着他们用一个象征物换回了一个活生生的女性而对丈人家进行的补偿。长刀与铓锣是礼仪必需品，各个家庭都会非常珍惜，妥善保存，并在以后的礼品交换中再辗转与各自的墨尤、达玛亲戚进行交换。年代久远的长刀（或长矛）和铓锣被视为宝贵，为人们珍视和自豪。

◀ 铓锣是不可缺少的聘礼

除这两种象征物外，姑爷种用于礼品交换的主要物品就是牛、布料和酒，其中，牛是最重要的礼品。而丈人种与之交换的

◀ 五谷的种子

▲

送亲队伍

主要物品则是五谷的种子、筒裙等物品。五谷种子和筒裙是女性生产力的表征，它们也被视为财富。在景颇族的婚姻中，女性以其生理功能被视为财富，通过婚姻及其他场合的礼品交换，女性被转移到男性家，作为男性家的财富。当今，随着生活水平的提高，丈人家陪嫁的东西也在与时俱进，其中不乏洗衣机、冰箱、摩托车、拖拉机等现代生产、生活用具。

过草桥仪式　在景颇族的传统婚礼中，过草桥是婚礼的核心仪式，新娘要走过草桥，才算明媒正娶，才能成为丈夫家的正式成员，婚姻才会受到社会的公认。传统的过草桥仪式非常繁杂，它与宗教信仰联系在一起，整个过程笼罩着浓厚的宗教气氛。在过草桥仪式前，新娘不能进入新郎家的家屋，因为景颇族的本土宗教信仰观念认为她的身上附有从娘家带来的鬼和路上黏着的一些不干净的东西。

过草桥 ▶

所谓的“草桥”，是在新郎家屋前空地上正对房屋中柱的地方，为结婚仪式而临时搭建的独木桥。草桥由一米多高无根栽在地上的绿色蓬棒草和一根新砍来的木头组成。木头一般长2~3米，宽约15~20厘米，搭在分开的草蓬中。架设着木头的草蓬，每一蓬象征着所要祭祀的一个“南”。20世纪50代以前，结婚的主人家供着多少个家神“永南”，就要栽多少蓬蓬棒草，每蓬蓬棒草下都拴有一只作为牺牲的猪或鸡。

仪式开始，由董萨通过念诵祭词，把蓬棒草下的牺牲祭献给“永南”。之后，宰杀这些牺牲，把牺牲的血洒在蓬棒草上。过桥前，新娘要由董萨用两根结在一起的蓬棒草来刮新娘的身体，先刮后面7次，再刮前面7次，据说这个举动能祛除新娘身上不干净的东西。过桥时，新娘要由新郎的弟弟或新郎的嫂子用右手牵着她的右手走过。如果是由新郎的弟弟牵引新娘过桥，他须男扮女装，装扮成老妇女的模样。牵新娘过草桥的最佳人选是新郎的弟弟，如果没有合适的人选，才用新郎的嫂子。

在景颇人的习俗中，新娘上草桥的第一只脚，标志着她对婚

◀ 草桥

姻的态度。右脚先上桥，表示她的婚姻属于自愿。若左脚先上桥，则意味着婚姻是他人强迫所为，这被看成是极不吉利的举动。所以，新娘上桥时，围在一旁的亲友都会大声地提醒新娘右脚先上。若新娘未婚先孕，则不能从桥上通过，只能从桥边走过。

▲

祛除新娘身上的不洁

过草桥在过去的婚礼中非常重要，过了草桥既驱除了新娘的身上不洁，也附上了夫家的南，男家的南既能作祟于她，也能庇佑于她。今天，在景颇人的婚礼中，某些地方还保留有过草桥仪式，但其宗教意义已经转化成了一种文化习俗。

知识链接 **过草桥习俗由来的传说** 相传源于景颇人的创世英雄宁贯瓦和龙女结婚的故事。宁贯瓦爱上龙女，要和龙女结婚，但龙女身上有腥味，宁贯瓦烧了几堆小山一般大小的草堆，但腥味仍未能除去。后来宁贯瓦采到了蓬棒草，插在六尺宽的地面上，草丛中放上一块木板，牵着龙女从上面走过，于是龙女身上的腥味消失了。后来人们便效仿他们的做法，结婚时，新娘必须履行象征走上新路的过草桥仪式。

回门习俗 景颇人婚后有回门的习俗，景颇族称“覃丁叠”，一般在婚后10天进行。届时新娘、新郎要带上两坛米酒和数筒新娘亲手酿制的水酒，两大包糯米饭，20~40个熟鸡蛋，成

20世纪50年代的“覃丁叠”场景

双数的竹筒烧菜。这些礼品都用芭蕉叶包好，用竹篾考究地捆扎。回门后，新娘一般要留住二三十天，再由新郎接回。

成为历史的婚俗

在20世纪50年代前，景颇族社会中流行的一些婚姻习俗，随着时代的变迁、社会的进步，已经退出了当今景颇族的生活，化为了景颇族婚俗中的历史记忆。

干脱总 景颇青年男女婚前社交自由。姑娘、小伙到了十五六岁，即可自由地谈情说爱。过去，景颇族村寨设有供青年社交的专门场所——公房，青年相约到公房去玩，叫作“干脱总”，意思是串姑娘。在这一习俗下，只要不是同姓，遵守姨表不婚的原则和严格等级内婚制，青年男女在婚前的谈情说爱是很自由的。在公房里，大家围坐在燃着火的火塘边，聊天、讲故事、唱情歌，在交流、交往中寻找心仪的情侣。找到情侣的人，双双对对窃窃私语，互不相扰。情侣间还会互赠礼物，姑娘多送巧手编织的腰带，小伙子则常赠送精雕细刻的小竹筒、织布梭等，时机成熟后，便

夜晚在山野中幽会的青年男女

脱离群体，单独活动。深夜，留宿公房的男女，就在公房围火塘席地和衣而眠。在公房里活动，大家都严格遵守着传统的规矩，绝对禁止越轨行为发生。

过去，景颇族青年恋爱自由，但是结婚并不自由，多数婚姻由父母包办。20世纪50年代前，景颇族的婚姻缔结方式主要有奴帕劳拉、奴披、奴勒古、奴少四种。

奴帕劳拉 也称为"米确"，意为讨媳妇。这是景颇族最普遍的一种婚姻缔结形式，男子的父母或男子自己看中了某个姑娘，想娶她为妻，便请人或自己设法在姑娘不知情的情况下，偷得姑娘身上的一样东西，手帕、一根头发、衣服、背包上的线头、随身带的槟榔、草烟等，把偷到的东西拿去请祭师董萨打卦，如打卦结果认为合适，男方家会再请董萨打卦，在自己的村寨中选择一个媒人"勒脚"，在女方的村寨中选择一个媒人"长统"，在打卦确定的日子里，由"勒脚"、帮手和其他男女伙伴携酒去女方村寨，由女方的媒人"长统"做内应，在女方村寨外截获这个女子后，由两个女方村寨的姑娘和男方的同伴把她护送回男方村寨，同时，"长统"带着酒到女家通报并商议聘礼。婚礼在当天或第二天举行，第三天新郎陪同新娘带上聘礼去丈人家回门。如果姑娘的父母反对这桩婚事，必须在举行婚礼董萨祭鬼之前把女儿领回，如果在此之后，就只有待他日通过"讲事"的方法解决。

奴披 也称为"米东"，意为"定媳妇"。当男子家看中一个女子，但她尚年少不能结婚时就把她"定下"，待女子成年后再择日讨回。已经被人"定下"的女子一般不会再被别的男子讨去。

奴勒古 也称为"米考"，意为"偷媳妇"。当一个男子看中一个女子并经过董萨打卦决定要讨这个姑娘，但姑娘的父母和姑娘知道后反对，为躲避男方强求，姑娘躲藏起来，在这种情况下男方请"长统""勒脚"等伙伴设法把姑娘从躲藏的地方偷抢出来成亲，之后再商议聘礼等事宜。

奴少 也称为"米鲁"，意为"抢媳妇"。这种婚姻缔结形式是在几个男子同时看中一个女子或一个女子与几个男子产生爱情，男方相互猜疑，采取先下手为强的方式，在不事先通知对方，不管对方愿意与否的情况下把该女子强抢去成亲。

歌舞相伴的丧葬

死亡是每个生命个体的终结，面对死亡，不同的民族有不同的处理方式。与以哭寄托哀思的方式不同，景颇族是以歌舞的方式悼念逝者，寄托哀思，驱散恐惧，温暖、慰藉逝者家人悲痛的心灵。

葬俗

景颇族将死亡分为善死和凶死。在家中自然死亡视为善死，在外意外死亡、刀枪致死、上吊、投河自杀以及难产死亡均视为凶死。在葬俗上，凶死行火葬，幼殇行天葬，正常死亡行土葬。死于村寨之外的人，尸体不能抬进村寨。

报丧

过去，善死者在家中死亡，如在白天断气，家人会立即朝天鸣枪报丧，如在夜里断气，等次日凌晨鸡鸣之后鸣枪报丧。男性死亡的枪声为单数，女性死亡的枪声为双数。枪支被政府管理后，报丧方式改变为鸣放鞭炮。

跳布滚戈

景颇族素有互助相帮的传统，村寨中一家有事，全寨人都会主动出来相帮。听到报丧信息后，村邻亲朋便会闻讯带着礼物前来奔丧、帮忙。同村的亲戚和村邻会迅速行动起来组成不同分工的小组，中年妇女组成管酒组，负责招待前来奔丧的亲戚朋友；中年男人和年轻女人组成膳食组，男人负责烧制肉菜，妇女负责煮饭、洗菜、做菜、包菜、传菜，女青年负责挑水。

过去，中年男人还会组成一个负责与外寨奔丧人联络的鸣枪队。当外村寨奔丧的亲戚朋友到达死者居住的村寨外时，就要鸣枪三响，通知丧家有奔丧的人即将到达，请做好接客的准备；死者家门前的鸣枪队听到枪声后，会鸣枪回复，表示丧家已做好准备，可以到来；奔丧的人来到死者家门前时，又要一个挨一个地放枪，一般各放三枪，表示吊唁；出殡前，每天清晨丧家都要鸣枪一次，鸣时几支枪一起鸣放；跳丧葬舞龙洞戈时也要鸣枪；出殡棺材出门时要鸣枪，在去往坟地途中遇到岔路口也要鸣枪；参加完葬礼的人离开时还要鸣枪。丧事结束前，随时能听到传得很远的枪声。

正常死亡的人，尸体要在家停放数天，传统的棺材用粗大的树身挖空而成。年轻人死没有特别的仪式。有子孙的老年人死，为表示敬仰、缅怀之情，在死者死亡的当天晚上，村邻及来奔丧的亲朋好友会与死者家人一起在逝者家的房屋内跳荣耀死者的舞蹈"布滚戈"。本寨的人，几乎家家都会关门闭户地来参加跳舞。舞蹈时以两面声响浑厚、深沉的大铓锣伴奏，敲击出"咚叮咚吻"的节奏。舞蹈的同时，还有歌者边跳边以凄美、苍凉的曲调高声唱着颂扬死者功绩的"本央央"。舞蹈内容反映的是景颇族的先民如何艰苦创业，有固定的舞蹈程式和套路。"布滚戈"须连跳数夜，通宵达旦，丧家每夜都会以水酒和夜宵招待大家，直至下葬后第二天结束。

知识链接 **景颇族丧葬舞的来历** 相传，很早以前，景颇人不会跳丧葬舞，人死后，有的哭，有的怕，不知道该如何处理。太阳神派来了名叫"以蒙毛龙"的神仙下凡帮助了他们，他带领着大家敲着铓锣跳起舞蹈，驱散了人们对死亡的恐惧。从此以后，景颇人就用这个方法办理丧事，一代一代地传承到了今天。

耐扎绑

对有重孙的高龄死者，丧家还要举行更加隆重的丧礼仪式，在家屋的门前场院中搭建起一个祭奠死者的竹木建筑"耐扎绑"。耐扎绑是用带叶的树与竹浅浅地栽在地上，在一米多高度的位置用藤条将所有树和竹环绕一圈之后捆绑，形成一个下收上张的倒锥形的竹木建筑。耐扎绑的中心处竖着一根几米高的不带叶的粗大竹竿，据说它代表死者的灵魂，也作为一家之主的标志。大竹竿周边有高出带叶树和竹的去掉了叶子的竹竿，竹竿的

杀牛献给死者

顶端系着一块白幡。一根系着白幡的竹竿代表着死者的一个儿子，死者有几个儿子就要竖几根这样的竹竿。在捆绑藤条的地方要横搭一根竹筒，靠外的两端，一端挂上一面木鼓，另一端挂上两面铓。在景颇族的葬礼中，需要杀牛，最少也需要杀猪献给死者，宰杀的牛或猪头骨都要挂在耐扎绑中间的那根代表死者的大竹竿上，请他领受。耐扎绑一直要到出殡时才拆除。

祭奠死者的“耐扎绑”

建有耐扎绑的丧家，除了晚上要跳布滚戈外，白天还要围绕耐扎绑跳荣耀死者的丧葬舞蹈“龙洞戈”。跳龙洞戈时，众舞者在两个手持长矛的男人领舞下，围着耐扎绑环绕舞蹈，边跳边发出“喔热、喔热”的呼喊。舞时，木鼓和铓锣都一齐敲响。如果死者生前参加过战争或狩猎，据说，在他离开人世回归“老家”的途中，那些被他所杀生命的怨魂恶鬼会来堵路索命。因此，在跳龙洞戈的同时，还要跳“恩港斋”为他驱鬼开路，护送他的灵魂安全回到北方的老家与阿公阿祖团聚。在送魂的当天黄昏，还要跳驱邪撵鬼，让死者灵魂安全抵达老家的金再再舞。布滚戈、

跳“恩港斋”护送亡灵回老家

龙洞戈、恩则斋等舞蹈和本央央歌唱，气氛热烈、悲壮，这种歌舞相伴的丧葬，是景颇人告慰亡灵，安慰、温暖死者家属，让死者家人节哀、振作的特殊方式。

魂归故里

景颇族民间认为，人死后要将死者的灵魂送到“老家”去，亡灵能够回到北方老家与祖先团聚，对于死者而言是善终。因为景颇人认为，祖先生活的老家与活着的人们生活的地方一样，生活有着。只有正常死亡的人，他们的魂灵才能送到老家与祖先团聚。那些死于非命的人，他们的魂灵则不能送到老家，只能送到阴森的山箐里做孤魂野鬼，那里阴冷潮湿，生活无着，对于死者而言被送到那里是最坏的归宿。那些虽正常死亡，但回不到祖先所在老家的魂灵，也只能与非正常死亡的人一起在阴冷的山箐里做孤魂野鬼。

▲

送魂指路

送魂

按照景颇族的习俗，死者下葬后还要举行送魂仪式。在景颇人的观念中，人死而灵魂不灭，送葬仅是送走了死者的尸体，而灵魂还在家里。因此，下葬后丧家还要请宗教师董萨为死者举行送魂仪式。死亡原因不同，亡魂被送去的地方也有所不同。

正常死亡者的送魂路线，基本上是沿着景颇族南迁的路线往

◀ 丧家屋内供奉亡灵的祭坛

北念送。据说，老年人的亡魂要送到九岔路，这里是阴间与阳间的交界处，念送过这个关口，老年人的亡魂就可以回到“老家”。主持送魂活动的董萨，除了念祭词外，更重要的是要背诵死者家族的家谱，念出这个家族的迁徙路线，这样才能将死者的魂送到祖先居住的地方。主持送魂活动的董萨，念送亡魂时必须十分认真，念送时走哪条路，回来时也要走哪条路，去时所念的地点、地名，回来时也必须一一按照顺序念着返回，如果出现差错，董萨的魂就会迷路，回不到出发的地点，董萨就有生病或死亡的危险。念送亡魂的仪式，不是所有的董萨都能够胜任，要求主持送魂仪式的董萨要有高超的记忆力，能够主持这个仪式的董萨被称为西早董萨。在景颇地区能够胜任送魂仪式的董萨，很受人们的尊敬。

别具一格的姓名

景颇族的姓名，是景颇族文化的组成部分，它的存在与发展同景颇族的社会历史、文化习俗、婚姻家庭、民俗习惯等密切相关。

姓氏

景颇族的姓氏有大小之分。所谓大姓，即与汉族姓氏的赵钱孙李相当，这种所谓的大姓，在景颇族中有近30个。每个大姓之下，又分为若干个小的姓氏。景颇族称大姓为“波桑”，有“种、类、姓”等含义。姓氏与“种、类”密切相关，同姓即同种、同类。小姓景颇语称为“亭郭敏”，意即户名。同一大姓（大家族）繁衍出许多同姓小家庭，为了区别这些同姓小家庭，各个小家庭又取有小户名。经过数代繁衍，一个小户又发展成为一个小家族，这样小户名就变成了小家族的姓，即小姓。景颇族姓氏中的小姓种类繁多，据相关研究者的不完全统计，有千余个。无论大姓、小姓，都由二个或三个音节构成，相当于复姓。有的大姓，只属于某个支系所独有。例如，属景颇支系特有的大姓有：恩昆、木日、木然、勒托、勒邦、米东等；属载瓦支系特

旧社会发生大规模拉事或战争前，喝血酒，歃血盟誓

有的大姓有：梅何、梅普、梅掌、曾通、曾康、张莫等。景颇族社会是一个父系继承制社会，子女从父姓，家庭世系按照父系计算。

除使用本民族的姓氏之外，在今天的景颇族中转用汉语姓氏的情况非常普遍。汉语姓氏主要通过对景颇族姓氏译音、译意等方式获得。为了符合汉族姓氏大多数采用单音节的特点，译音时就只取其中一个与汉族姓氏接近的音节，多数取后一个音节，也有少数取前一音节或中间音节为姓。例如，景颇姓氏“勒排”转为汉姓为“排”，“米董”姓氏转为汉姓为“董”，“自空”姓氏转为汉姓为“孔”等等。通过意译转为汉姓，例如，“直闪”姓氏转为汉姓为刀姓，在景颇语中“闪”译为汉语是“刀”。再如，“瓦考”姓氏转为汉姓“朱”，在景颇语中“瓦”为汉语的“猪”，转用同音字“朱”。也有的姓氏转为汉姓是约定俗成的，相互之间找不出音、意上的必然联系。例如，“恩昆”汉姓为“岳”，“格亮”汉姓为“孙”，“木然”汉姓为“尚”和“杨”等等。景颇族目前使用的姓氏，实质上既有原多音节姓氏的内涵，又有与汉族姓氏相同的单音节的表现形式，形成了景汉兼容的姓氏文化特质。

在景颇族社会中，姓氏不仅是家族系统的称号，还有“别婚姻”的重要功能。在景颇族历史上同种、同类的人均有血缘关系，因而同姓的人是一群有血缘关系的人群互为兄弟姐妹，不能婚配。在景颇族婚姻制度中严格遵守同姓不能婚配的原则。这一原则一直延续至今。由于同姓被视为兄弟姐妹，所以在景颇人的民族心理中，同姓是最密切的人际关系，被看成是一种力量。同姓者感情格外亲密，相互帮助是义不容辞的职责。素不相识的人见面时先要报姓，若获悉双方是同姓时，立刻以亲人款待，或赠送礼物，或杀鸡敬酒，亲密无间。婚丧喜庆，同姓者在可能的条件下都要前往祝贺或吊唁。

命名

在景颇族社会中，名字通常要通过一个简单的命名仪式来获得。景颇族的命名习俗根据地区的不同而有所不同。有的地区是一出生就命名，有的地区则是新生儿出生一个月后再命名，但命名仪式都大同小异。当新生儿呱呱落地后，就在婴儿的脖了和手腕上拴线，并在拴线的同时为婴儿取好名字。名字一旦确定下来，就邀请前来帮忙的老人为新生儿念吉利语，送祝福。

景颇族的命名分为两种类型，一种是将性别的表征与排行的标注融为一体，组成一种兼用两种标志功能的人名构成方式，这种命名方式使用于景颇和载瓦两个支系。另一种是父子（女）连名制的结构形式，使用于勒期、浪莪和波拉三个支系。前一种命名方式，男子、女子的名字都以固定的排行为序。

景颇支系与载瓦支系最常用的命名方法就是依据排行命名，排行用字方面，男女有别，支系有别。景颇支系不分性别，都在排行语素前加特定冠词“麻”，再加男女不同的排行称谓。如果排行超过了十，第十个以上的命名又从老大的排行开始叫起，但排行前的特定冠词由原先的“麻”变为“京囊”。载瓦支系的排行命名方式与景颇支系略有不同，排行前的特定冠词有性别区分，男性冠以“勒”，女性冠以“木”，男女也有不同的排行称谓。用排行进行命名，普遍存在名字相同的情况，甚至几代同名，同一房子中会有几个人同名同姓。在这种情况下，往往采用以家前屋后的特征、家住的方位、长相或体格上的特征等来加以区分。除以排行命名以外，还有依据父母亲人的祝愿、根据出身、信仰等等进行命名的情况。

景颇族的父子连名制，采用的是亲名前连型的结构进行连

景颇、载瓦支系排行命名表

排行 \ 性别 \ 支系	景颇支系		载瓦支系	
	男	女	男	女
一	麻干或麻翁	麻果或麻宽	勒干	木果
二	麻诺	麻鲁或麻波	勒弄	木鲁或木兰
三	麻腊	麻锐或麻直	勒腊	木锐
四	麻都	麻图	勒都	木途或木丁
五	麻当	麻该	勒当	木该
六	麻约	麻卡	勒勇	木东
七	麻卡	麻比	勒卡	木比
八	麻锐	麻云	勒锐	木云
九	麻京	麻京	勒云	木卡
十	京囊	京囊	勒京	木泰

名。也就是父名在前，子（女）名在后，以父亲名字的末尾音节作为儿女名字的开头音节连名，儿子名的后一音节是孙子名的前一音节，如此不断循环。例如，父名岳可，儿名可英，孙名英强，曾孙名强博，玄孙名博中。勒期支系的连名，十代为一转，浪我支系的连名四代为一转，重复使用。

除使用景颇族的命名方式以外，很多景颇人，尤其是景颇族干部、知识分子和在外求学的学生中，使用汉语意思命名的情况相当普遍。

传统礼俗与禁忌

传统礼俗

无酒不成礼 酒是景颇族人际交往的重要润滑剂，景颇人有一句精辟的谚语："酒能把两座山粘在一起。朋友的心要连起

互换酒筒喝酒，表示以礼相待，彼此尊重

来，没有酒不行。”有客人来访，主人必定会以酒招待。日常生活中，无论男女上街、访友，或参加婚丧节庆，筒帕（挎包）里总会装一个盛满酒的竹制小酒筒“特勤”，遇到熟人朋友都会将酒筒递给对方，对方也会同时递上他的酒筒，这样才算是以礼相待，彼此尊重。以酒待客也是景颇礼俗之一。景颇人认为，不用酒招待客人是极不礼貌的行为，因此，家中有客光临，主人都会以酒相待。无论你走到哪一个寨子的景颇人家，一坐下，主人便会捧出水酒、米酒招待。亲戚朋友在一起，更是离不了酒。景颇人走亲戚时有以酒做礼品的习俗，在日常生活中，谁家有出嫁的女儿、姑爷回来探访，主人家会邀请邻居或亲友到家中一起喝姑爷家带来的酒。喝酒时，大家在一起，常共饮一碗“同心酒”，表示彼此之间一条心。景颇族喝酒十分注重礼节，熟人相遇互相敬酒时，不是接过来就喝，而是将对方敬的酒先倒回对方酒筒里一点再喝，以示相互尊重。敬酒时须双手捧酒筒，接酒时也应双手接酒筒。大家共饮一碗酒时，每个人喝一口后都用

特勤

请邻里亲友喝酒

手揩一下自己喝过的地方，再转给别人，在场之人依次传递，如有老人在场，让老人先喝。

在景颇人的生活中，可以说是无酒不成礼。除见面要喝的“见面酒”外，喝酒还有很多含义。对客人，敬酒的名头有“洗尘酒”“起床酒”“晚安酒”“饯行酒”“起步酒”。客人离开时，酒罐、酒筒不能空，主人家要给一些酒让客人带走，称为“压底酒”。调解纠纷时，也要先喝“开口酒”，调解完毕时要喝“合好酒”。盖房起屋、红白喜事等仪式场合，更是离不开酒。以婚礼为例，从迎亲开始到婚礼结束，婚礼中每一个程式开始前，新郎家都要以敬酒的方式向新娘家表示尊敬之后才能进行。在过草桥仪式开始前，新郎家负责接待送亲人的“碰龙”（招待），要到媒人“勒脚”家给送亲人敬四次酒，意思依次分别为：欢迎、请坐、请吃饭和请动身到新娘家。当新娘及送亲人动身来到新郎家门外时，新郎家的招待给他们敬酒，意为“迎接”。待进入新郎家场院时再次敬酒，意为“请坐”。新娘及送亲人男女分开，于新郎家事先为他们准备好的竹席上就座。坐定之后，招待又一次敬酒，意为“请嚼烟”。过草桥仪式开始前，招待会第四次敬酒，意为“请（新娘）过草桥”。年轻人闹新房时，有长辈在场的情况下，要给长辈敬一巡“蒙眼塞耳酒”之后，闹房才开始。婚礼上所用的酒，所有装酒的酒筒都要经过装饰，要用绿色的芭蕉叶包裹之后再用竹篾精心捆扎。捆扎的方式很有讲究，竹篾要用四条捆扎四道，每一道的篾子都按顺时针方向扭结，之后相邻两道的篾子再扭结在一起，最后把四道的篾子再穿搭在一起。这种捆扎方式有一定的文化意蕴，其传达的意思是两个联姻的家庭紧紧连在一起，墨尤—达玛之间越来越亲密。

景颇人喜欢饮酒，酒是景颇族社会生活中不可或缺的饮品。在景颇人的生活中，酒的用量很大，用酒的场合很多。景颇人在用酒的过程中，已经形成了一套具有自己民族特点的酒礼酒俗。

知识链接 **特勤** 特勤是用金竹制作的酒筒，做工精细，滴酒不漏，筒盖可做饮酒的酒杯，也可用来喝水。

帮吃 好客是景颇人的美德。在景颇族社会里，无论走到哪一寨，进到哪一家，无论相识与否，主人都会以礼相待，不但招

把挎包、长刀或枪挂在主人家堂屋挂东西处，表示要在此食宿

待客人饭食，还会留客人住宿。吃饭的时候，主人会客气地说："请帮吃。"客人离开时，主人还会给他带上当天路途上食用的饭包。在景颇人的观念中，让客人饿着肚子离开，是非常没有面子的事。如果客人进门时主人不在，客人可以到堂屋休息，也可以自己煮饭吃。客人要暂时离开但还要回来食宿的话，可以把他的背包、长刀或筒炮枪挂在主人家堂屋中挂东西的挂钩上，主人家看到东西，便知道客人要在家里食宿。景颇人认为出门在外，不可能把房子、被褥都带着走，招待客人食宿理所当然。他们有一句经典的俗语，"家里只有打狗的棍子，没有赶客人走的道理"，当地汉族把景颇族的这种热情好客习俗称为"吃白饭"或"帮吃"。

背礼篮的女孩儿

礼篮 礼篮是用藤条编织而成的无孔无盖的篮子，里面装有酒、熟鸡蛋，糯米饭、竹筒菜等，景颇语称"丽"。在婚丧、集会、节庆、走亲访友的时候，相互致送礼篮是景颇族的一种礼节。礼篮中礼物配比最基本的规矩，就是必须成双成对，酒要两筒（一筒水酒，一筒烧酒），熟鸡蛋要两包（每包鸡蛋个数要成偶数），糯米饭两包、竹筒菜两筒。在致送礼篮的仪礼场合，远道而来的客人们安顿好以后，东道主一方负责接待来宾的接待小组的妇女便会把礼篮送到客人的住地，由来宾中德高望重的人接受礼篮，并将篮中礼物当面一一清点，如果礼物符合规格，这个德高望重者就吟诵祝词，并率先饮一杯篮中的水酒，然后，来宾们都喝一巡篮中的礼酒，每人分食一份糯米饭和切成片的鸡蛋。之后，客人也要派人将自己带来的礼篮向

礼篮

东道主回赠。

在目瑙纵歌节时，则会举行一个比较隆重的收受和回赠礼篮的仪式。礼篮中的物品蕴含着景颇文化的丰富内涵。糯米饭和鸡蛋是景颇人珍视的礼物，它们象征着团结、和睦、友爱，也包含着对幸福、美满、平安的祝福。篮中的礼物均要用芭蕉叶包裹，再用两根竹篾捆扎两道，两根竹篾均按顺时针方向纽结，将两个篾头穿搭在一起。礼篮中的物品传递的信息是，大家要像糯米饭包一样贴在一起，紧密团结；像捆扎礼包的篾子一样扭成一股绳、一条心，彼此亲密无间。鸡蛋则表示对大家平安康乐的祝福。礼篮的形式虽然简单，盛放的却是景颇族讲求团结友爱、礼仪至上、礼尚往来的民族品质。

嚼烟的原料

传递烟盒 景颇族有嚼烟的习俗，嚼的原料以烟丝为主，辅以芦子、发酵的红色石灰和一种景颇人称为沙吉的块状物。嚼法为，噙一撮烟丝，啃一小块沙吉，咬一截芦子，用手指甲挑一点红色石灰放入嘴里，将几种东西含在口中，慢慢地咀嚼。嚼烟有提神、醒脑、防虫、杀菌、固齿、开胃等功效。嚼烟不但是景颇人的生活习惯，也是景颇人表示人与人之间相互友好、尊重、礼貌的象征。景颇老人无论在何处相见，彼此必定互

互递烟盒是互相尊重的一种礼节

递烟盒或烟袋，以示友好。青年男女在谈情说爱的时候，递送和接受烟盒，往往是衡量他们彼此之间爱慕的尺度。

猎物见者有份儿　狩猎曾经是景颇族传统生计的重要组成部分。景颇族的传统狩猎方式，主要有集体围猎撵山和个人到野兽经常出没的路口、果树下、水塘边进行伏击、下套等。过去，景颇族狩猎的对象有野猪、鹿子、岩羊、豺狗、野鸡等。现在这些动物已成为受国家法律保护的野生动物，不再是景颇族狩猎的对象了。狩猎在景颇人的生活中已经成为历史。过去，狩猎曾经是景颇人的一种副业，既可为保障粮食丰收除害，也能够改善生活，猎物只供自己食用或送给亲戚朋友分享，不作商品出售。在景颇族的性别分工中，狩猎是男人的事。在景颇族村寨，哪家挂的兽头骨多，那家人会被人们称颂为狩猎能手，这家的男人会备感荣耀。集体围猎时，猎获的野兽当场分配，除头和兽皮为射中猎物者所得外，只要参加，一律按人均分，不分老幼，不管有无捕猎工具，出力多寡，连过往的行人也见者有份儿。这是“和谐”理念在景颇人社会体系中的一种体现，是景颇人用以建构社会和谐秩序，形成群体内聚力的一种生存策略。

传统禁忌

景颇族社会生活中有许多禁忌，有些禁忌在形成过程中与本土宗教相联系，带有一定的宗教色彩，但已为景颇人日常所共同遵守。

骑马进入或路过景颇族村寨，到寨门外便要下马步行，这是表示对整个村寨的尊重。如果你骑马进寨，会被认为是看不起这个村寨的人。过去，违背的人要受到罚款。

进入景颇族人家，过去进门必须脱鞋，否则被认为对主人家不礼貌。客人要在主人安排的位置入座，不能坐主人的座位，不得久立不坐，更不能到处乱闯。客人就座后不能跷二郎腿，妇女不能托着下巴而坐，因托下巴坐是表示哀悼。屋内不能吹口哨，否则会引来恶鬼。景颇族的房屋，屋内共有三个门，即前门、后门和边门，因后门是鬼门，外人不能随便出入，否则会招惹恶鬼，带来不吉利。主人家的卧室外人也不准进入。男客人不能随意进入厨房，女客可进入厨房，但不能随意搬动主人做饭时坐的小凳子。景颇族认为，小凳子和粮食有关系，随意动凳子，粮食会不经吃。客人如果发现主人家有病人，不能讲告别的话，客人可以不辞而别。在家里长刀不能从火苗上拿过或递给他人，递长刀时，刀刃不能对外，必须手捧刀尖递给对方。不准在房屋的中柱上拴牛马，不能从篱笆竹缝或窗口传递东西。在屋里唤醒睡觉的人，不能用脚踢。家里或野外用竹筒来接水，要接满，不能只接半筒，只接半筒是为鬼魂接的水。主人家杀鸡招待客人时，客人不能去夹鸡头、鸡脚吃。按景颇族习惯，鸡头要用来敬老人或年长者，鸡脚则属于小孩儿。为了对客人表示尊敬，主人常常把鸡头夹给客人，这时客人应非常有礼貌地把鸡头转奉给在座的老人或年纪最长者。

景颇族的刀枪既是武器，又是生产工具和装饰品，人们对它倍加爱护。刀枪放在地上时，不允许跨过。男子外出时，刀枪不离身，进入别人家，把刀枪交给别人时，必须刀把和枪柄朝前，如果弄错了方向，会被认为含有敌意。长刀和筒帕是男子随身之物，平日不可在墙上翻挂，否则说明家中有丧事。男主人身边佩挂的刀枪忌外人触摸，否则，男人会遇上倒霉的事情。

景颇人不愿意别人碰他们的头或包头，长辈的包头，忌乱翻乱动；每逢生日忌出远门或到其他村寨，只可在家玩或到屋旁的园地里干活。

第六章 魅力风情

一方水土，一番风情。亚热带山区的生活环境，造就了景颇人特色独具的经典着装和建筑审美，成就了景颇人山林气息的景颇味蕾。亲爱的读者，请您随我走进景颇族居住的山寨，去欣赏他们华美经典的衣饰，去品尝他们绿色天然的餐饮，去感受他们山环水拥住地的绿色山水，和天然材质建盖的生态型民居。

华美经典的衣饰

服饰是一个民族文化的重要组成部分，汇聚了一个民族的创造智慧，是一个民族文化的灿烂部分。景颇族的服饰，是景颇族文化中的一颗璀璨明珠。

女子便装

景颇族新概念服饰

女子服饰

景颇族妇女的服饰是景颇族人民智慧和审美的典范，它既完整地保持着传统风格，又注入了与时俱进的创新活力。景颇女装通常分为便装和盛装两个大类。

便装 景颇族女性日常生活中穿着的服装，上身为各色对襟或右襟紧身短衣，下身为织有各种景颇族特色图案的筒裙。20世纪90年代以来，随着经济发展和文化交流，景颇族女子便装在保持原有特色的基础上与时俱进，不断推陈出新。今天，在日常生活中，尤其是节日庆典时，各式各样色泽鲜艳、明快，设计新颖、别致、时尚，花纹繁多而富有现代气息的漂亮便装，令人目不暇接。这些充满创新韵味的便装，彰显着景颇族女性热爱生活、追求美丽和与时俱进的民族心态。

盛装的妇女

佩戴项圈、手镯和项链的妇女

盛装　景颇族女性节庆或婚嫁时的着装，极具浓郁的景颇族传统特色，由银泡衣、织锦筒裙、织锦包头、护腿、银质项圈、项链、手镯、耳饰等组成。各支系妇女在着装服饰上有一些细微的差异，但这种传统盛装，为各支系女性在节庆或婚嫁时均会穿着的经典着装。

女子包头

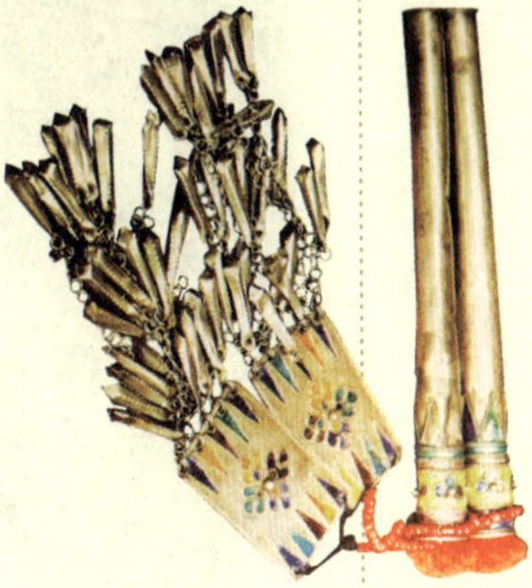

耳饰

护腿

穿银泡衣的妇女

银泡衣 银泡衣为黑色无领窄袖金丝绒短衣，衣服的胸、肩和背部饰满银泡和银穗，是景颇族妇女的传统盛装。传说，银泡衣上的银泡幻化于景颇族女始祖龙女身上的鳞片。黑白相间、华美精致的银泡衣，承载着景颇族女性独特的审美情趣。身着银泡衣行走和舞动时，银泡和银穗随着身体的摆动，会撞击出宛若银铃般的清脆乐音。在景颇村寨里，银泡衣是女孩出嫁时娘家必备的陪嫁物品。

织锦筒裙

织锦筒裙 色彩斑斓的传统织锦筒裙，由景颇族妇女手工纺织而成，在出嫁或盛大的节日、走亲串戚、赶集等社交活动时穿着。织锦筒裙工艺复杂，用料讲究，图案丰富，是景颇族妇女勤劳和智慧的结晶。织锦筒裙一般由三块横幅织锦拼接而成，造型美观、色彩浓烈，展开呈长方形，有上下之分，不能倒过来穿围。一条筒裙上有几十种不同的图案，它们出自景颇妇女对事物丰富、美好的想象，融入了她们对大自然的赞美、对生活的热爱和对未来的憧憬。筒裙的色调体现着景颇族妇女高超的色彩组合水平，黑色或墨色为底的筒裙上织着红色的图案，在红色的基调上又运用柠檬黄、橙黄、紫、粉紫、玫瑰红、浅蓝、草绿色和白色等色彩凸显主花纹样，浪漫的色彩，斑斓醒目。融实用和审美于一体的景颇族织锦筒裙是景颇族纺织艺术的代表，是景颇族妇女汗水和智慧的结晶，它折射着景颇族人民热爱美、追求美和创造美的审美理想和艺术追求。

▲ 丰富的色彩和纹样

景颇女孩从很小的时候起就跟妈妈学习筒裙的纺织技艺。景颇族曾有“女人不会织筒裙不能嫁人”的俗语，过

◀ 展开的筒裙

知识链接 **《没有织完的筒裙》** 短篇小说。作者杨苏。载《边疆文艺》1959年第10期，1961年收录于由中国青年出版社出版的同名小说集中。小说描写景颇族姑娘娜梦与她的母亲麻比围绕织筒裙而展开的一场新与旧的思想斗争。织条好筒裙而后嫁人，这是景颇族的传统习俗。小说里母亲对女儿的全部关注与爱抚都体现在织筒裙上，传统束缚着她，她又用传统束缚着女儿的行为。但年轻的女儿娜梦却不再像母亲那样，想的是织一条好筒裙和找一个好情人，她积极参加青年小组的活动，加入了共青团。娜梦最终没有织完妈妈要她织的花筒裙，而是接受公社的选派，走出景颇山去学习气象。

◀ 织布

织锦大赛中的织手

去，景颇族山寨里的女子一年四季除劳动外，余下的时间几乎都用在捻线和织布上，全家男女老幼穿戴的织物均出自她们的巧手。每个有了孩子的妇女都有义务为自己的孩子准备好将来要使用的织物，孩子长大成人时，女孩儿没有织锦筒裙穿着、男孩没有织锦挎包装饰，就是母亲的一大耻辱。纺织技艺娴熟，织出的锦物又多又好，成了一个女性勤劳能干、心灵手巧的标志，景颇女性也以能够织出漂亮的织锦而自豪。

老年男子服饰

男子服饰

男子服饰以黑、白为主色。老年男子传统服饰各支系相同，均着黑色对襟短衣和黑色宽管长裤，戴黑色包头。景颇支系中、青年男子服饰，上身内穿白色立领衬衣、外套黑色圆领外衣，下身穿黑色长裤，头戴红蓝色相间的方格棉纱布圆筒形头巾或黑色包头。载瓦、浪峩支系的中、青年男子服饰大

载瓦支系
男子服饰

景颇支系中
青年男子服饰

同小异，均着白色衬衣，黑色长裤，戴饰有各色绒球缨穗的白色包头。各支系男子在着装上有一个共同特点，那就是长刀和红色织锦挎包筒帕是他们不能缺少的佩饰。

长刀既是景颇男人的佩饰，又是他们生产生活的工具、抗敌的武器，是景颇族不畏艰险、勇往直前的一种精神象征。景颇族称长刀为“日恩途”，意思是“生命力”。在景颇人的心目中，长刀是“生命之刀”。他们砍山打猎用长刀，婚姻礼物送长刀，男人舞蹈时舞长刀，男孩成年的标志是

长刀与
筒帕

佩刀的景颇族男子

男孩儿成年的标志是佩带长刀

佩带长刀。景颇族社会中流行着“男人不会耍刀不能出远门”的俗语，足见长刀在景颇人生活中重要的位置。景颇人对长刀的厚爱和重视，源于他们尚武的精神。景颇族曾走过了漫长的迁徙历程，在不断开辟新生活的动荡进程中，景颇人历经了人与自然的博弈、人与人之间各种激烈的军事争斗和频繁的内外武装冲突的历练，铸就了英勇顽强、威猛彪悍的民族个性。在长期与自然的搏斗和与人的争战中，景颇人获得了这样一个真理：“有长刀，就有一切。”随着时间的推移，这种尚武精神潜移默化地积淀在了他们的文化传统之中。他们把长刀看成是男人的影子，认为“刀魂是汉子的胆量”，长刀成了景颇男人形影不离的伙伴。刀与矛交叉在一起的图徽，是景颇族尚武进取精神的象征，是目瑙纵歌时目瑙示栋上必不可少的饰物。长刀，是景颇人勤劳勇敢、艰苦创业的象征。

德宏地区景颇族服饰各支系间大同小异，怒江傈僳族自治州泸水县勒期（茶山）支系的服饰与德宏地区差别较大。

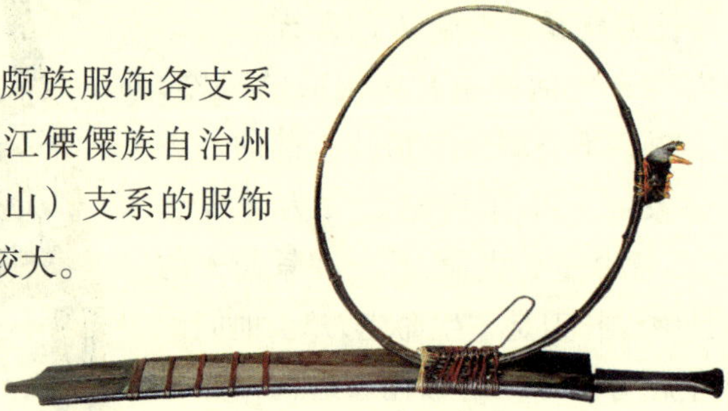

长刀

怒江泸水县勒期支系妇女服饰

怒江泸水县勒期支系男子服饰

勒期支系服饰

勒期支系女装　怒江勒期支系妇女服饰无银饰，而以彩色布料的拼贴图案为主要装饰，头用青布缠裹留余穗为饰，裙子为织锦筒裙。

勒期支系男装　怒江勒期支系男子服饰，上衣为白色棉麻土布无领对襟长衫，前襟分两片，可掀起交叉缠于腰部，后摆长及小腿，下身着长裤，头缠青色包头，彩穗结于左侧为饰。

与很多生活在苍莽山区里的少数民族一样，今天的景颇族也不可避免地卷入到了全球化的进程之中，现代、时尚的衣装很受景颇年轻人追捧，成为他们的日常着装。

▲

厨中烹饪

绿色天然的餐饮

俗话说，“靠山吃山”，景颇族也不例外。景颇族饮食文化的形成，与他们生活的环境息息相关。景颇族聚居的亚热带山区，气候立体，雨量充沛，土壤肥沃，各种野生动植物资源十分丰富。大自然馈赠的丰富资源，成为景颇人潜在的食物储备库。种类繁多的花、草、虫、鱼，成就了景颇族餐饮天然、绿色，带有亚热带山林气息特色的景颇味道。

山坡上种植的旱谷 ▶

稻米为主食

景颇族是一个以农业为生计的民族，农业耕作是景颇人的主要生

用罗锅煮饭

业，水稻、陆稻和玉米是他们种植的主要粮食作物。与居住在中国南方的大多数少数民族主食以大米为主相同，稻米是景颇族餐桌上的主角。景颇人很早就养成了一日三餐的习惯，三餐的主食都以大米为主。他们食用的稻米分为陆稻和水稻两类。过去，由于景颇族田少地多，陆稻曾经是景颇族食用的主粮。随着水田农业的发展，景颇人的主粮今天已经改变为以水稻为主。景颇族的米饭，以蒸、煮、烧三种方式烹制。其中，以“烧”的方式烹制的“赞捂”和煮的方式烹制的“格占”是景颇人喜爱的特色主食。

赞捂 即汉语俗称的“竹筒饭”。其制作既方便又省事。将淘洗后的大米用新鲜的粽叶或景颇语称为“铺舍”的绿叶包好，放入带节的新鲜嫩竹筒中，灌入泉水，再用新鲜的绿叶将筒口塞紧。之后，放置于燃烧的火堆中烧烤。这种用竹筒烧制的米饭，混合着稻米、嫩竹和绿叶的清香，入口后回味无穷。

用竹筒烧制饭菜

格占 一种比稀饭稍稠的烂饭。用鸡或牛肉作为主要辅料制作。先用慢火将鸡或牛肉熬熟后捞出，将大米放入锅中与肉汤一起用微火煮至米粒熟烂、水收干时，放入茴香叶、青辣椒、刺芫荽、葱、蒜、香子、薄荷等作料稍煮即可。格占色泽鲜艳，味道糯滑鲜香，独具特色，是景颇族祭祀或迎宾待客时奉献的美味佳肴。

将格占分成小包 ▶

在景颇族食用的稻米中，糯稻也是他们食用的重要品种。糯稻食物主要有“卓勺”和“赞蚌”两种。

▲

糯米糍粑

卓勺 用糯米制作的糍粑。卓勺一般在春节和家里有婚姻喜事的时候制作。尤其在春节之际，卓勺是家家户户必备的食物，同时也是串亲访友时的礼物。制作卓勺的食材，一般都是当年生产的糯米。制作时，先将糯米用清水浸泡一天左右，然后用甑子蒸熟。将蒸熟的热糯米饭舀出适量，放入脚碓，趁热反复舂捣。之后，将舂好的糯米饭团从碓杵上摘下，放到涂有蜂蜡油的芭蕉叶上，用手摊薄成直径30厘米左右的圆形。卓勺用炭火烘烤或用油煎

▲

脚碓

至表面鼓起即可食用，柔软细嫩。景颇人食用时常佐以红糖、蜂蜜或酸腌菜，美味可口。

赞蚌 即糯米饭。赞蚌在制作方法上没有什么特殊的工艺，采用木甑蒸制。它是景颇族仪式活动中的重要食物，其具有的黏性特征，被景颇人赋予了象征“紧密团结”的文化意蕴，成了景颇人生命仪礼和节庆仪礼中不可或缺的重要礼物。互赠糯米饭包，寓意着大家要像糯米饭一样互相粘在一起，紧密团结，友好合作。此外，在景颇族丧葬后或疾病时的叫魂宗教仪式中，赞蚌也是必不可少的食物，它的黏性，被景颇人视为可以将受到惊吓离开人体的魂粘住，让它重新回到人体内，使人康宁。

叫魂仪式所用的糯米饭

手碓

稻米的传统加工 景颇族加工稻米的传统工具是碓。景颇族的碓有手碓、脚碓和水碓三种。最常用的是手碓，手碓在景颇族生活中使用广泛，几乎家家户户都有。景颇人过去一般不食隔夜粮，每天食用的大米都要当天清晨由妇女来舂。当天用手碓舂出的大米做出的米饭，散发着稻米的清香，保持了稻米新鲜的口感。负责加工全家口粮的妇女很辛苦，过去，景颇山寨的清晨都由舂米的碓声唤醒。月明星稀的凌晨，妇女就开始起身舂米，整个山寨碓声四起。她们边舂米，边唱舂米歌。舂米歌旋律舒缓优美，节奏与舂米的动作协调一致，宛转悠扬的舂米歌声此起彼伏，十分动听。以电作动力的碾米机进入景颇族山寨后，妇女们从繁重的手工劳动中被解放了出来。然而，依然有不少的景颇人认为，碾米机加工的粮食不香，不如传统的舂米加工方式舂出的稻米吃着有滋味。

除大米以外，过去有的景颇族地区，还会以苞谷、饭豆、芋头作为辅粮。传说芋头是景颇先民在步入农耕经济之初，率先种植的粮食作物。芋景颇语谓之为“梅”，据说景颇族载瓦支系的“梅何”“梅普”“梅掌”三个古老的姓氏，便来源于与芋头种植的相关活动。“梅何”是“栽芋”，“梅普”是“犁芋头地”，“梅掌”是“整理芋堉”。此外，芋在景颇族的宗教活动中也尤为重要，如祭祀的鬼神中有芋头鬼；宗教念辞中也说到最初人们只会种芋吃；在人死送魂时坟头的木牌上画有芋；给死者送的东西中有芋等等。说明芋与景颇人的生活有着很深的渊源。

园地中栽种的芋

野菜

鸡枞

以野菜为佳肴

景颇菜肴以食材的新鲜、天然而著称，以清淡不油腻中突出辣味为特色。辣、酸、苦、香，是景颇菜肴的基本味道。

景颇族有“没有蔬菜，不能吃饭”的说法，蔬菜在其饮食中占有相当重要的地位。景颇菜肴中的绝大多数食材是纯天然的绿色食品，除园地中种植的瓜、豆、芋头、青白苦菜等不需精耕细作的大路菜之

家边的园地

外，他们充分利用了大自然赐予的丰富天然资源，就地取材，大量食用从山林中采集来的野生植物、根茎、瓜果和菌类。被景颇族食用又叫得出名字的野生植物有上百种。

采集

肉食除家养的牛、猪、鸡外，在国家提倡动物保护之前的年代，农闲时节景颇人经常上山猎取麂子、野猪、山鸡、野兔等野味，并到山溪、田间捕鱼、捞虾、捡螺蛳、夹黄鳝作为肉食补充。过去，除宗教活动以牛、猪、鸡作为祭祀牺牲外，平时很少宰杀家养畜禽作为肉食来源。

景颇烤肉

菜肴烹饪

景颇族的菜肴因其独特的烹饪方式而独具特色。其菜肴讲究原汁原味，很少以炒的方式进行烹饪。惯用的烹饪方式主要包括舂、焐、烧、烤、揉、煮、焖等几种类型。用这些方式制作出的菜肴，自然古朴，清香而不油腻。

景颇族名菜烹饪大赛的参赛作品

舂菜　舂是景颇族最基本的菜肴烹饪方式，舂菜是景颇菜肴中富有特色的一种，是景颇人喜爱的风味菜肴，味道鲜美独特。景颇人常说："舂筒不响，吃饭不香。"舂菜是景颇人家餐桌上不可缺少的主角，用舂菜待客，是景颇人的一种礼仪。舂菜可荤可

制作舂菜的舂筒

素，荤的有干巴、鳝鱼、干鱼等，素的有各类家种的和野生的蔬菜。做舂菜很讲究配料，一般佐以大蒜、生姜、辣子、芝麻、花生、核桃、豆豉等配料，作料越齐全味道越好。如果是荤的食材，如肉干、鱼、黄鳝等，都要用火烤熟后再舂。制作舂菜时，将各种食材与调料放入舂筒内，用木杵舂至细茸状。舂菜的味道以香、辣为特色，各种作料的香味奇妙地调和在一起，鲜香中带着辛辣。辣是景颇菜的"灵魂"，由于景颇族大多居住在潮湿的高寒山区，辣可以驱除寒湿。因为喜食辣椒，景颇族被周围的其他民族戏称为"辣景颇"。

知识链接 **舂筒** 舂筒是做舂菜的工具，景颇人家户户必备。舂筒的制作非常简单，选一节直径5寸左右靠根部的竹子，以一竹节为底截为20多厘米高的筒，再用一根粗细匀称、木质结实的木棒做舂杵。

揉 景颇菜的一种有特色的烹饪方式，用此方式制作出的菜肴属于凉菜系列。揉菜的原料以生菜为主。制作方法是：将可生食的野生绿色植物或蔬菜采摘后洗净，拌入景颇豆豉、小酸茄、小米辣等作料，用双手轻轻揉拌。其特点是原汁原味、爽口、开胃，有养生和保健作用。

鬼鸡

鬼鸡 在景颇族的菜品中，"鬼鸡"是其代表菜肴之一。景颇族盛行以鸡作为牺牲祭祀鬼神的习俗，"鬼鸡"就是由此衍生而来的一道富有景颇风味特色的名菜。鬼鸡的制作方法为：将土鸡宰杀后，在锅中用清水煮熟，冷却后把鸡肉砍成小块或撕成碎片，配入生姜、芫荽、小米辣等调料，用手搅拌均匀。"鬼鸡"酸辣可口，鸡肉细嫩有嚼劲，开胃爽口。

竹筒烹制 景颇族还善用新鲜的竹筒烹制菜肴。制作竹筒菜的竹筒，在选材上有一定的讲究，通常要选用较嫩的新鲜竹子。新鲜嫩竹水分多，烧制时不易烧穿，而且烧溢出的竹汁能够很好地给菜肴增添清香。景颇族常用竹筒烹制的食材主要是肉类，如麂子肉、黄牛肉、鱼、鳝鱼等。用竹筒制作出的菜肴，味道鲜香，油而不腻。有名的竹筒菜有竹筒烧麂子肉、竹筒烧牛肉、竹筒烧鱼和竹筒煮鱼。

加工储藏

肉类和蔬菜除鲜食外，景颇族还加工储藏。常常加工储藏的肉食和蔬菜有牛肉干巴、酸笋、干笋丝、腌菜、干腌菜、豆豉等。

景颇名菜手撕干巴

干笋丝

酸笋　景颇族的传统食材之一，是景颇人餐桌上不可缺少的家常菜品。景颇族居住的山区竹类资源丰富，夏秋时节是竹笋出产的旺季。这个季节，进山采笋是景颇族妇女的重要工作。鲜笋采回后，加工成笋丝，装进瓦瓮中储藏，发酵后就成为酸笋。酸笋晒干便成为干笋丝。酸笋和干笋丝都是景颇人烹制菜肴的重要食材。

豆豉和干腌菜　也是每个景颇人家都不会缺少的食材。景颇族的豆豉以黄豆为原料，煮熟发酵后制成黄褐色的淡豆豉。豆豉在景颇族的烹调中被广泛使用，他们认为豆豉是最好的调味品，它在景颇菜肴中的地位就相当于味精，是景颇菜离不开的重要调味料。因此，豆豉也有“景颇味精”的雅号。

干腌菜

干腌菜也是景颇人家离不开的常备菜。干腌菜以青菜叶或萝卜叶为原料，洗净晒干后放入缸中浸泡，待发酵变酸后捞起，再放入铁锅中煮，之后再入缸浸泡，如此反复两次，把淡黄色的菜叶熬煮成褐色，晒干就是干腌菜。其特点是保质时间长，食用方便。干腌菜可做酸汤的调味料，也可做菜。用开水泡开、加葱和切碎的小米辣，就是一道鲜香可口的酸辣汤。还可以用来煮洋芋、煮鸡、煮排骨等。做菜时用温水发开，切碎，加入盐、辣椒、芫荽等调料拌成可口的酸菜。

知识链接 **菜肴食药同源** 景颇族的菜肴有食药同源的特点。过去景颇族的祖先上山劳作，多日不能回家，他们在山里就地取材，什么能吃就吃什么。吃的东西多了，逐渐摸索出了哪些植物吃了对人的身体有好处，并一代代传承了下来。所以，今天景颇族食用的不少野菜本身就是草药，有防病、治病的作用。例如他们常食的鱼腥草，就具有清热解毒，滤水消肿等功效；马蹄菜也具有药用功效，《云南中草药手册》中说它能消热利湿、解毒消肿，可治疗扁桃体炎、新旧外伤痛、痢疾、中暑腹泻、跌打损伤、疔疮疖肿等病痛；岩姜也具有清热解毒的作用，不管是作为食品还是药品都是佳品。景颇族中流传着一句民谣："日食三钱岩姜，到老不开药方。"板蓝根具有清热解毒、凉血消肿、利咽之功效，对外感发热，咽喉肿痛，温毒发斑，痄腮，丹毒，臃肿疮毒等都有一定的治疗作用。就连景颇人天天离不开的"景颇味精"豆豉，也具有疏风、解表、清热、除湿、祛烦、宣郁、解毒的功效。并且豆豉与不同的植物搭配在一起，有不同的功效作用。常吃豆豉可以帮助消化、预防疾病、延缓衰老、降低血压、消除疲劳、减轻病痛和提高肝脏解毒的功能。

马蹄菜

鱼腥草

绿叶宴 景颇族绿色、天然的食俗，在其传统的待客方式绿叶宴中得到了淋漓尽致的体现。绿叶宴，顾名思义，与绿色密切相关。景颇族生活的山区森林植被覆盖率较高，绿色的山，绿色的水，绿色的地，似乎连空气都弥漫着一种透明的绿意。生活在绿色环境里的景颇人，把环抱他们生活的绿色也搬到了待客的餐桌上。

绿叶宴之所以得名，不仅因为其菜品的制作原料都是天然、生态、无污染的山茅野菜，还因为它的餐具也都是绿叶，一张张宽大的绿叶，就是一个个特别的"菜盘"，"盘"中盛满了用景颇人特有的舂、焐、烧、烤、揉、煮、焖等烹调方式制作的各式菜品。景颇人自己吃绿叶宴不用碗筷，保持着用手抓着吃的传统，他们认为用手抓着吃，美味的菜肴感觉更香。

绿叶宴是从景颇族古老的饮食习俗中诞生的，它来源于景颇族历史上古朴的待客分餐传统。绿叶宴的起源与景颇族的经济发展状况相关，它是景颇人在经济不发达状态下，举办红白喜事时缺乏大量待客餐具的智慧结晶。昔日，景颇人家遇到红白喜事，待客都采取分餐方式，各种不同的菜肴和米饭都分别用绿叶包成一个个小包，之后再用一张较大的绿叶把各种不同小包的菜肴和米饭包成一个大包。客人们无论男女老幼，每人都能分到分量和品种相同的一包。景颇族祖辈流传下来的绿色饮食文化，现在已经成为景颇人的宝贵财富。随着经济的发展，生活水平的提高，景颇族绿色、健康的饮食传统，与现

景颇人家的绿叶宴

景颇风味手抓饭

分餐待客

代人所追求和崇尚的返璞归真的绿色健康生活理念不谋而合，因而受到了人们的推崇，绿叶宴也因此被开发成了一个颇具景颇族代表性的餐饮品牌。

酒是不能或缺的饮品

景颇人喜欢饮酒，酒是景颇族社会生活中不可或缺的饮品。在景颇人的生活中，酒的用量很大，用酒的场合很多。日常生活中，酒是景颇人解除疲劳的提神饮品；在人际交往中，酒是促进友谊的黏合剂。景颇族的酒有水酒和烧酒两种类型。

水酒 以景颇族传统方式酿造的低度酒，类似啤酒，景颇语称为“泊冈”。家家都会酿制。过去酿造水酒的主要原料是旱地上种植的一种叫“红米”的粟米。近几十年来，由于人口增长、森林破坏以及旱地逐渐固定和政府严格限制等原因，刀耕火种的旱地大量减少，红米的产量变得非常有限。因此，今天的水酒酿造改变为以产自水田的糯米为主要原料。

抽取酒水

水酒酿造的主要流程为：将米煮熟晾凉，拌入景颇族用野生植物制作的酒药，用芭蕉叶裹好，放置几天，酒香溢出后，装罐，封口发酵。饮用时兑上凉开水，就成了水酒。饮用时，用竹

知识链接 **水酒的传说** 关于水酒，景颇族中流传着这样一个传说。很早以前，有一个叫木吉锐纯的景颇族妇女与她的儿子阿崩娃分居在恩梅开江两边。她的儿子已经很大了还没有断奶。后来，方便他们往来的江桥断了，阿崩娃每天要绕山绕水，走很远的路才能见到母亲。有一天，他请求母亲给他想一个断奶的办法，木吉锐纯就给了他一包酒药，教他用水酒当奶，这种水酒甜中有辣，回味绵长，阿崩娃从此断了奶。后来这种水酒被景颇族人世代相传，成了景颇人喜爱的饮品。

制工具从罐中抽出，使酒水与酒糟分离。水酒呈乳白色，既有酒味又有甜味，喝起来清凉可口，十分解渴。

水酒是景颇族的仪式用酒，结婚、进新房、相亲、举办目瑙纵歌时都要酿制水酒，订亲、贺喜的时候，水酒也是不可缺少的礼物。传统宗教仪式中水酒是必不可少的祭品，而且不能用别的酒代替。

烧酒 景颇语称为“雨很”，是现代景颇人生活中大量饮用的酒类。景颇人也会酿制烧酒，原料主要有大米和苞谷。他们酿烧酒的设备较简单，一个土坯砌的灶，两口大铁锅，一个分为上下层、中间通气的陶缸。烧酒时将用酒曲发酵好的烧酒原料倒入一口大铁锅中，再将另一口锅底留有孔的铁锅反扣其上并密封，从底孔处用竹筒连接到装满凉水的冷却器里，用薪柴加热。铁锅里的原料加热后不久便慢慢出酒。由于设备简陋，出酒率不高，景颇人饮用的烧酒大多数是从集市上购买。

村寨景观与建筑

村寨景观

景颇族村寨一般建在海拔1 500米左右的半山腰或山间的小平地，少数建在坝区的边缘地带。山区的景颇族村寨通常依山而建，面向坝子或河谷。一般山寨的规模在20多户，大的村寨约有40~100余户。村寨建筑大多沿靠近水源的山坡或山脊散布，山环水拥。村寨靠坝的一端称为“寨脚”，标志是进入村寨的“寨门”。靠山的一

保留了传统元素的新建寨门

房屋依山
就势建盖

端称作“寨头”，标志是通向后山小路旁的一块大石头或一棵大树。村寨四周的森林被作为水源林和祭祀的神林得到了很好的保护，村庄周围的山峦被浓绿茂密的森林所覆蔽，举目远眺，满眼皆绿。自古以来，人们择地而居，苍苍茫茫、郁郁葱葱的高山与绿林就是景颇人选择居住的理想环境。

景颇族主要的聚居地区，处于藏滇地槽皱褶系的横断山地槽皱褶带上，地形地貌复杂，村寨坐落的山腰或山脊地带地形高低错落不平。景颇人顺着起伏不平的山岭地势建筑家园，房屋依山就势建盖，家户顺应自然聚、散、疏、密地自由分布，错落有致。村中道路随地形的变化蜿蜒曲折。起伏变化的山势、错落有序的房屋、蜿蜒曲折的小路、浓荫密蔽的山林，共同勾勒了特色独具的景颇山寨的景象。

依山而建
的村寨

民居建筑

“长脊短檐”的“矮脚长屋”是景颇族传统民居的独特样式。由于特殊的自然条件，景颇族传统民居为架空楼居的干栏样式草顶竹楼。过去，只有少数地方的山官、头人才有瓦房。竹楼多建盖在山坡平整出来的台地上，形状为直进式长方形，距离地面高度一米左右。楼上住人，楼下堆放薪柴、农具并关圈畜禽。房屋框架除柱子外，基本都用竹子做成，墙面和地板均用竹子编织或剖开铺成。屋顶呈人字形以茅草覆盖，房屋前端有一根中柱露在墙体之外。过去，这根中柱的大小，区别着山官和百姓的身份。屋脊在墙体与中柱之间延伸，伸出的屋顶以这根中柱作为支撑，形成一个亭状的前庭，这里是妇女舂米、纺织和男人做各种手工活计的场地。

前庭的高大中柱

房屋有三道门，正门、边门和后门。正门与后门开在房屋的前后两端，屋内有过道纵贯房屋连接前、后门。前门开在前庭中柱的侧面，从前庭进入房屋有一木梯连接。房屋内部以屋脊为界

竹木构架的竹楼

▲

装饰于房屋外壁的乳雕

隔成两半，一半是主人家居住和煮饭的地方，以竹篱为墙隔成若干间，每间设有一个火塘。另外一半没有隔板遮挡，用于招待客人和置放东西。招待客人的堂屋，也是家人聊天和商量事情的地方，中间设有一个正方形的火塘，座位在火塘四周。堂屋的座位有上座和下座之分。上座位于靠墙和靠后门的两边，是身份、地位高的人的席位。靠后门一侧有竹制祭台靠墙而立，是主人家供奉神灵的地方。后门外有一个竹木材料搭建的平台与房屋相接。

房屋的屋面坡度较陡，四壁低矮无窗，纵向承重。屋脊向山墙方向伸出，有较好的防雨效果。竹楼的外壁上，通常装饰有木雕的乳房，它寄托着景颇族祈求家族兴盛、六畜兴旺、幸福美满的愿望。传统民居的建筑材料，均为当地出产的竹木、茅草。用这些材料建盖的竹楼是典型的生态型建筑，给人以朴实、亲和与温馨的感受。

20世纪80年代中期以后，随着经济的发展，传统的竹木结构的草顶房屋逐渐减少，多数房屋的建筑材料和样式都发生了改变，出现了竹木构架的新式民居和砖混结构的楼房。

建房习俗

景颇族的传统草顶竹楼，一般七八年就需要重新建盖。建盖新房的时间，一般在每年农历十月至次年四月。

传统草顶竹楼 ▶

在景颇人的观念中，家屋具有生命力，新建和重建家屋都要举行一系列的宗教仪式。选择地基是建盖家屋的重要步骤。通常情况下新房子盖在老房子的地基上，拆旧房时要举行请供在家里的祖先亡魂暂时迁离的仪式，新房盖好后再举行请其迁回的仪式。

如果老房子曾经发生过不幸，或者是儿子要分家出去，盖房就必须另选新址。新址的选择要通过占卜，有以米试地、以水试地、以米酒试地及以梦试地等几种方式。新址选好后，接着是平整地基和备料。平整地基，一般由年轻人采取互相帮忙的形式进行。备料的工作在建房前很长时间就已开始，为能够顺利砍伐到盖房所需的木料和竹子，事先就要进行祭祀。在备料的过程中，主人将所需要的材料选好后，提前几个月便请亲戚朋友帮忙，将选中的木材砍倒、去皮修整，放在林中自然晾干，到建房时再抬回使用。盖顶的茅草也在事前就已割好晒干。

◀ 进新房

景颇人在建房中也保留着互助协作的“吾戈拢”习俗，动工之日，一家盖房，全寨帮忙。帮忙的男女有一定分工，男人们负责搬运竹木料，女人负责背茅草。新房落成要举行隆重的进新房仪式，请董萨为新房的布置祈祷，从房梁、屋脊、生活用具，直到水筒如何摆放等，都要经过一番宗教的祝福，祈求家屋神灵保佑。

知识链接 **吾戈拢** 景颇族生产、生活中的一种互助习俗，意思是“请人帮忙”。一个景颇人家在生产、生活中，诸如播种、收割，建盖房屋时挖地基、抬木料、割茅草等，需要较多人力的情况时，就会在村寨内请邻里亲朋帮忙，在较短的时间内完成所要进行的工作。接受过别人吾戈拢的人家，在给予过帮助的人家有需要时，会主动去帮忙。吾戈拢实际是一种换工，只是在换工的过程中，互换各方不付报酬，不计劳动力能力的大小。吾戈拢是景颇族生产、生活中普遍存在的习俗。

第七章
瑰丽文化

在中华民族大家庭中，景颇族以其独具浓郁民族特色的瑰丽文化，为中华文化宝库增添了光彩。他们多元的语言文字、多彩的民族文学、恢宏的创世诗史、兼具传统与西方音乐风格的“文蚌”音乐与乐队、具有叙事特征的民间舞蹈，丰富着中华文化宝库。这些独具魅力的特色文化，就像一颗颗珍珠，在中华民族灿烂多姿的文化宝库中熠熠生辉。

多元的语言文字

景颇族有自己的语言和文字。景颇族的5个支系，分别使用着5种各具特色的支系方言，由于语言的差异，以语言为基础的文字也不相同，语言和文字都呈多元的状态。

语言

景颇族语言属汉藏语系藏缅语族，支系语言在语支的归属方面存在差异。景颇支系使用的景颇语属汉藏语系藏缅语族景颇语支，载瓦支系使用的载瓦语、勒期支系使用的勒期语、浪莪支系使用的浪莪语和波拉支系使用的波拉语，同属于汉藏语系藏缅语族缅语支。景颇语和其他四种支系语言差异较大，景颇语与载瓦语比较，这两种语言在语音结构上比较接近，但在语音对应关系上比较远，有80%以上的词汇不同。载瓦、浪莪、勒期、波拉四个支系的语言接近。在日常生活中，各支系除使用本支系的语言外，相当一部分人还能兼用其他支系的语言。

文字

▲

《汉景辞典》书影

景颇族文字有景颇文和载瓦文两种。两种文字都是以拉丁字母为基础的拼音文字。景颇文由西方传教士于19世纪末创制于缅甸，后传入中国景颇族地区。新中国成立后，我国语言工作者在原景颇文的基础上，对一些不合理的声韵母拼法进行了改革。现景颇文共有23个字母，声母40个，韵母39个。载瓦文创制于1957年，是我国语言工作者为满足载瓦支系的需要而创制的文字，共有26个字母，声母44个，韵母88个。

新中国成立后，景颇族使用本民族语言和文字的权利受到了国家政策的保障，语言和文字被广泛应用。

在教育方面，20世纪50年代，先后在中央民族学院（现中央民族大学，下同）和云南民族学院（现云南民族大学，下同）设立了景颇语文专业和景颇语文系，培养了大批景颇语文人才。景颇文被用于学校的景汉双语教学和社会扫盲工作。

在新闻、出版领域，云南民族出版社和德宏民族出版社用景颇族文字出版了大量包括科学技术、法律法规、文学、艺术等方面的书籍。云南音像出版社出版了大量用景颇族语言演唱的歌碟。德宏傣族景颇族自治州委机关报《德宏团结报》发行了景颇族文字版，德宏州文联编辑出版了景颇文的杂志《文蚌》。云南广播电视台和德宏人民广播电台，开播了用景颇族语言播音的频率，德宏电视台开设了用景颇族语言播出新闻和电视剧的栏目。德宏州民族语言译制中心，译制了大量用景颇族语言配音的电影和电视剧。景颇文在党政机关的牌匾中应用已被写入了《德宏傣族景颇族自治州自治条例》，在

使用汉景双语文授课

公开出版发行的景颇语歌碟

制作景颇语配音磁带

实践中也得到了认真落实。景颇族语言文字的广泛应用，为促进景颇族社会的发展发挥了积极的作用。

多彩的民族文学

在长期的历史发展进程中，景颇族以自己的聪明才智，创造了丰富多彩的民间口头文学和书面作家文学，为丰富中华民族的文化宝库贡献了力量。

民间文学

景颇族历史上没有文字，民间文学以口头文学的形式存在。景颇族的民间文学种类丰富，有神话、传说、史诗、叙事诗、寓言、笑话、民间故事、歌谣、谚语、情歌等。宗教祭司董萨念的经词，也是一种宗教文学。在经词和神话传说中所反映的多属开天、洪水、人类起源、驯养家畜、种植五谷的历史以及人鬼之间的斗争等。在史诗、古谚语、民间故事中则多反映人类征服自然、传播生产知识，表现人类智慧以及颂扬开发自然界和驯服野兽的英雄事迹等。此外，也有讽刺统治阶级等内容的故事。在情歌中则多反映现实的生产、生活和婚姻、爱情等内容。这些民间文学作品，是景颇族历史发展的影子，是景颇文化风貌的窗口，深刻地反映了不同时代景颇人的精神风貌和心理特征。

《目瑙斋瓦》与《勒包斋娃研究》书影

史诗　史诗是景颇族民间文学中的一个重要部分。从现已出版的景颇族创世史诗《目瑙斋瓦》和《勒包斋瓦》的情况看，它们不仅规模宏大，还跨越时间和空间的界限，成为景颇族历史、政治、经济、文化和社会生活知识的总汇。在风格上，景颇族史诗的音韵格律整齐，语言优美。

《目瑙斋瓦》是融神话、传说、诗歌于一体的景颇族史诗，在举行目瑙纵歌时吟唱。是景颇族史诗中，篇幅最为宏阔，也最为引人注目的创世史诗。它从开天辟地唱起，以优美动听的神话形式，记述了景颇人民从远古到现代的发展演变过程。全诗长万余行，内容涉及天地的形成、鬼神的世界、人类的出现、景颇民族的起源、人间的生活、爱情和痛苦等，汇总了景颇族对宇宙、民族历史的认知，对生活的态度、思想、情感和愿望等多方面的内容，生动表现了景颇人心目中的世界和他们真挚朴实奋发向上的情感，是景颇族民间口头文学中的优秀代表作品。

知识链接 **《勒包斋娃》** 《勒包斋娃》与《目瑙斋瓦》是同一史诗的不同称法。“勒包”系景颇语称谓，意思为“历史”；“斋瓦”意为创世诗、善于吟诵创世诗的大经师“斋瓦”或创世诗所用的一套特殊的用语。《勒包斋娃》由景颇族的大经师“斋瓦”世代吟唱传颂而成。《勒包斋娃》和《目瑙斋瓦》都有正式出版的文本。文本的《勒包斋娃》系中国社会科学院萧家成研究员于1963年用景颇文和国际音标从景颇族斋瓦贡退干（又名沙万福）处记录，1992年由民族出版社出版。正式出版的《目瑙斋瓦》有两个版本，其一是1982年3月，由斋瓦贡退干演唱，景颇族学者李向前用景颇文记录整理，由云南民族出版社出版的景颇文版本；其二，是在李向前收集整理的景颇文版本基础上，由李向前与景颇族学者石锐、尚晨宏共同翻译，1991年由德宏民族出版社出版的汉文版本。2008年，萧家成先生又出版了《勒包斋娃研究——景颇族创世史诗的综合性文化形态》，该著的第二部分为“史诗景颇文实录”，在他1992年出版的《勒包斋娃》基础上，增加了景颇文记录的《勒包斋娃》内容。给《勒包斋娃》与《目瑙斋瓦》提供文本来源的斋瓦贡退干先生，已于1979年过世。目前，景颇族的目瑙纵歌活动依然年年举办，但是，宗教祭祀的内容已经有所减少，景颇族中已经没有人能够像贡退干先生那样，完整地吟诵创世史诗了。在这样的情况下，《勒包斋娃》和《目瑙斋瓦》的文本，尤其是景颇文版的文本，对景颇族创世史诗这一非物质文化遗产的传承，具有重大的意义。

叙事长诗 景颇族的长篇叙事诗，以表达善恶斗争和颂扬真挚爱情为两大主要题材。反映人与自然、善与恶斗争的代表性作品有《凯诺和凯刚》等，反映青年男女争取婚姻自主、幸福生活的有《腊必毛垂与羌退必波》《恩郭诺克与罗沛玛扎对》

《丁冬拉玛石布朗与桑章盆楠》《董生别里和弄里列里》《朵斑姑娘》等。

民间故事 景颇族的民间故事数量多、品种全，包括动物故事、魔法故事、寓言故事、生活故事、机智人物故事和笑话六类，内容包罗万象，形式灵活多样。表现和揭示了社会生活中各个阶层人际关系和各种矛盾斗争，深刻地反映出景颇人的态度、思想情感和愿望，现实性很强。景颇族的民间故事，一般都有典型人物，有较广泛的社会背景和较完整的故事情节，趣味性较强，又都具有鲜明、独特的民族风格。不同类型的民间故事有一个共同特点，就是短小精悍，富于哲理，语言诙谐、生动有趣，有浓郁的生活气息。例如，《美丽的巴板鸟》《邻居》《山官发火》《三钱娃》《弯和直》《扎英姑娘》《金草帽和糯米粑粑》、机智人物仉片的故事等都流传极广。

景颇族民间故事文本

民歌 景颇族民歌，从一开始就与宗教有着种种密不可分的联系，如《送魂调》等本身就是宗教观念和文学样式的统一体。主持宗教仪式和活动的斋瓦和董萨，他们一方面是宗教人员；另一方面又是民歌的保存者、演唱者和创作者。景颇族是一个有着

歌手在吟唱

歌舞传统的民族，每一村、每一寨、每一代人中都有出色的歌手，他们对景颇族民歌的传播和创作都发挥着不可忽视的作用。对于景颇族群众来说，一般的民歌，他们不但能听能欣赏，同时也是创作者和演唱者。景颇族民歌的内容极其丰富，大致分为劳动歌、习俗歌、情歌、生活歌等几类，全面深刻地反映景颇族人民的社会生活，表现不同时代景颇族人民的思想感情与愿望要求。

传说　景颇族的民间传说，以解释景颇山川风物、花鸟兽虫，以及以娱乐、饮食、节日风俗的由来为主要内容，可分为人物传说、习俗传说、风物传说、动物传说、植物传说等类型，乡土气息极浓，具有很鲜明的民族特色和地方特色。

作家文学

20世纪80年代以来，景颇族中涌现了一批本民族的作家和一大批本民族作家用景颇族文字和汉文创作的优秀的书面文学作品，结束了景颇族只有口头文学的历史。景颇族的书面文学作者，有长于用景颇文创作的，也有长于用汉文创作的，更不乏能用景颇和汉两种文字进行双语创作的。他们的创作都植根于景颇族深厚的民族文化土壤，充满了鲜明的民族个性，因而他们的作品，不但受到本民族读者的欢迎，同时还为其他民族的读者所了解和关注。迄今，这些景颇族作家、作者在中央、省、地州级报刊出版过作品的人数已逾200人，出版发表了多部景颇文、汉文的长篇小说和中篇小说，用汉文和景颇文发表的短篇小说、散文和诗歌已经不胜枚举。结集出版的作品集有短篇小说集《青春》《命运》《山的子孙》《景颇族当代文学作品选》等。这些作品有的在各级评奖活动中获得了殊荣，有的选入全国性或地方性的选刊、选本和年鉴中，有的被译成英、日、朝等外文介绍到了国外和其他民族。如果与其他作家文学已经很发达的民族横向比较，景颇族作家文学还有很大的差距。但是，如果从景颇族的文学发展史进行纵向比较，景颇族作家文学的发展，可以说是一个飞跃。

多姿的音乐舞蹈美术

音乐风采

景颇族是一个酷爱音乐的民族，几乎所有的仪式和节庆都有音乐相伴。景颇人用音乐表达他们的喜怒哀乐。新房落成时，主人用音乐迎客，来宾用音乐祝贺；恋爱时，用音乐传情达意；婚礼时，用音乐迎接新娘，用歌声传递对新婚夫妻的祝福和劝勉；丧葬时，用音乐表达对逝者的哀思和追忆；节庆时，用音乐昭示欢乐和喜悦；就连宗教仪式时，祭祀的祭词都以唱诵的方式向鬼神传递。音乐与景颇人的生活高度地融合在一起，无论你走进哪个景颇族村寨，都会时时听到飘荡在村寨中的歌声和乐声。

歌手与乐手

民间曲调

在长期的生产生活中，景颇族创造了丰富多彩的民间曲调。各支系曲调种类繁多，主要有“月鲁”（春米调）、“志”（山歌）、“斋瓦”（历史歌）、“脑石幼嗯先”（催眠曲）、“木占”（风俗歌）、“恩准”（情歌）、本央央（送葬歌）等。不同的民间曲调风格因支系不同而又各具特色，或高亢激昂、或轻柔温婉。其中，以景颇和载瓦两个支系的民间音乐风格、特点最具有代表性。载瓦支系的曲调旋律粗犷、高昂，明快中充满激情；景颇支系的曲调抒情流畅，热情中不失含蓄。

创作音乐

中华人民共和国成立以来，德宏傣族景颇族自治州及各县相继建立了专业文艺团体，培养出一批景颇族音乐人才。景颇族的音乐文化普及工作获得很大发展。60多年来，尤其是改革开放以来，景颇族的音乐工作者和音乐爱好者，创作出了许多景颇族的声乐、器乐作品，如歌曲《景颇人永远跟着党》《我的心掉进了甜蜜的酒杯》《歌唱美丽的家乡》《同胞之歌》《景颇山的夜晚》《春城目瑙纵歌》《绿色的景颇山》《欢迎你到目瑙纵歌之乡来》《团结之歌》《父母的恩情》等；器乐曲《迎宾曲》《德宏欢迎你》《景颇山的黎明》以及《景颇刀舞》《文蚌》《欢迎来到景颇山》《春新米》等，深受景颇族人民的喜爱。景颇族的创作歌曲和器乐曲，在保留景颇族浓郁原生态音乐元素的同时，融入了许多现代音乐的元素，旋律优美动听。有学者认为，景颇族的音乐已经发展到了一个很高的阶段。

传统乐器

景颇族的传统民间乐器主要有打击和吹奏乐器两种。吹奏乐器主要有吐良、洞巴、勒绒、筚曼、桑比等。这些乐器基本都出自景颇本民族的民间艺人之手，制作材料是就地取材的竹、木和

节日中敲铓锣的妇女

各种竹制乐器

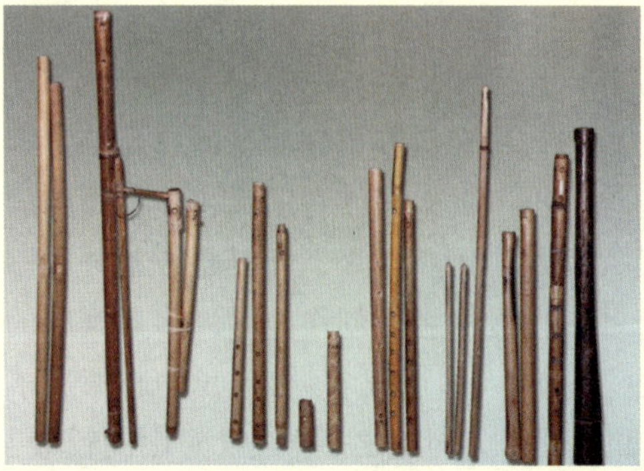

牛角，制作工艺简单，但吹奏出来的音乐却音色清正、音调高低不一，抑扬顿挫，悦耳动听，独具特色。打击乐器主要是象脚鼓、木鼓、铓锣和钹。铓锣、钹、象脚鼓等乐器大多由傣族、汉族传入，现已成为景颇族的主要乐器。名为“增疆”的木鼓，为景颇族所特有。

吐良 吐良是景颇族的一种传统乐器，多用一根无节细竹管制作，管长50厘米左右，类似竹笛，但其中间只开一椭圆形吹孔，无按音孔，两头相通。吐良器形与辽宁省红山文化遗址博物馆中被称为“玉笛”的陈列文物如出一辙。只不过，作为文物的玉笛，当地人已不知道怎样吹奏，而吐良却非常普遍地运用于景颇人的生活之中，男女老幼均能吹奏。吹奏吐良时，左手拇指和右手掌心分别控制两端管口，通过吹气的强弱、缓急变化和两手控制开闭孔的巧妙配合以获得不同的音阶。吐良的音域达三个八度，音色与竹笛相似，脆亮而高亢。景颇青年不论在林间赶路或山间牧牛，还是男女恋爱，都喜欢吹奏吐良。吐良传统独奏曲有《情歌调》《放牛调》和《山歌调》等，它还常同象脚鼓等乐器合奏《配歌调》。吐良已由景颇山寨登上了我国民族音乐的大雅之堂，颇受国内外观众的喜爱和赞赏。

奏吐良

吐良(上)
玉笛(下)

洞巴 一种双簧类气鸣乐器。由管身、簧哨、吹芯和喇叭四部分组成，各节间由铜制插套连接，可分别拆卸开。洞巴全长

洞巴乐队

62~72厘米，管身木制，呈圆管状，上细下粗，管身长30厘米左右，上开7个音孔，前六后一。簧哨用麦秆或稻秆制成，长2厘米左右。哨芯木制，呈空心圆锥体，上端安置簧哨，下端插入管身上端。喇叭是洞巴的共鸣筒，用牛角制成，长20厘米，套接于管身下端，起扩大音量的作用。

勒绒　勒绒是景颇族特有的吹口气鸣乐器。竹制，是管身较长的气鸣乐器。由送气管和发音管构成，发音管正面开四孔，背面开一孔控制泛音变化。送气管两端留有竹节，管长40～50厘米，管上端近竹节处开有一个小孔，插入一根长3～6厘米的细金竹管为吹嘴。送气管两端用线绳绑扎在发音管上，两管并列。勒绒音域宽广，高音明亮，低音柔和深沉，表现力丰富，奏出的曲调优雅动听，常用于独奏。景颇族青年小伙子喜欢在恋爱时吹奏。

吹奏勒绒

增疆　是景颇族的古老打击乐器。汉语称木鼓。制作方法简单，把直径约七八十厘米，长约200厘米的树干掏空，成为椭圆

景颇族的传统打击乐器“增疆”

柱体，两端蒙上生牛皮，两端蒙皮由皮绳拉紧固定。打击时用木棒敲击两端。由于共鸣箱体大，敲击时声音低沉而粗犷，气势磅礴。过去增疆不仅应用于重大的舞蹈活动，而且还用于生产、生活、军事、祭祀等活动。在景颇族传统的目瑙纵歌舞蹈中，增疆是不可或缺的节拍器。

文蚌乐队

景颇人对音乐有着天生的悟性和喜爱，景颇族虽然居住在边远的云南山区，但他们的乐队却和现代乐队没有太大的差别。景颇族把乐队称为文蚌乐队，意思是各种乐器的组合。文蚌乐队使用的乐器，有景颇族传统的民间乐器，也有大、小军鼓，长号、圆号、萨克斯管、风笛等西洋乐器。景颇族山区，几乎村村寨寨都有自己的文蚌乐队，只是规模大小和乐器的丰富程度不同。这些活跃在乡村的文蚌乐队，丰富了景颇人的文化生活，给景颇人带来了欢乐。

本土与西洋乐器混搭演奏

20多年前，文蚌乐队就进入了城市，由工作、生活在城市的景颇人组成的文蚌乐队，一般比乡村乐队规模大，乐器也比乡村

景颇乐队

乡村的文蚌乐队

城市的文蚌乐队

乐队丰富，风格更加现代。这种把景颇族的民间乐器和西洋乐器合而为一的文蚌乐队，集景颇族音乐与西方音乐、传统与现代音乐元素为一体，奏出的音乐音域宽广，旋律悠扬。既能演奏清新

知识链接 **巴扎** 在景颇族的文蚌乐队中，有一种景颇语称为“巴扎”的乐器，它就是苏格兰的风笛。1852年英国占领缅甸后，英国人从缅甸的克钦族中招募士兵，一些有音乐天赋的克钦族士兵被选拔进入了军乐队。这些参加过军乐队的克钦人把风笛带入了缅甸克钦族中，继而传到了中国的景颇族地区。巴扎现在景颇族中使用已经非常普遍，它也是文蚌乐队中常用的乐器。德宏芒市地区的景颇族还成立了以巴扎为主打乐器的民间巴扎乐队。

悦耳、轻松明快的音乐，也能演奏气势磅礴、震天撼地的音乐。在景颇族地区，无论官方还是民间的重大活动，都缺少不了文蚌乐队的演奏。文蚌乐队是景颇族艺术领域中的一朵奇葩。

民间舞蹈

舞蹈在景颇族的生活中，尤其是在他们的艺术生活中是一个重要组成部分。舞蹈是反映社会生活的一面镜子，它植根于人们生产生活的土壤，折射着多彩的世俗生活。景颇是一个群体意识很强的民族，他们的民间舞蹈多为集体舞，形式主要为环舞、巡回舞，曲折行进。舞蹈动律主要体现在双膝的屈伸运动上，各种舞步都由双膝的屈伸来带动。舞蹈内容与景颇族的生产、生活密切相关。叙事是景颇族民间舞蹈的一个特性，有学者认为，"景颇族的舞蹈完全在故事中进行"，舞蹈布滚戈、整戈等，舞蹈内容和动作都在模拟他们传统农业劳作过程和建盖房屋的过程。景颇族不同支系的民间舞蹈整体风格动律都比较统一，男女老少皆宜的群众自娱性循环式的舞蹈有广泛的群众性。他们以舞娱己、以舞娱人、以舞娱神、以舞驱鬼、以舞表现社会生活和审美情趣。

集体舞

在舞蹈中展现审美情趣

整戈　为庆贺新房落成而举行的一种自娱性集体歌舞。跳整戈时用象脚鼓做伴奏，边敲边跳，气氛热烈。整戈舞的内容和动作主要是摹拟建盖房屋的过程。包括平房基、抬房柱、立柱子、架房梁、拴椽子、放横条、安竹篱墙、盖房草等建筑房子的全过程。在新房落成的欢庆场合，跳这样的舞蹈，不仅为了表达喜悦的心情，更重要的是向后代传授生活生产知识，以便自己的民族文化能够顺利地延续下去。

贺新房的整戈

布滚戈　是办丧事时夜晚在室内跳的丧礼舞蹈，内容表现景颇族的劳动生产过程。基本动作有两套，一套表现粮食生产过程，一套表现棉花生产过程。即一套表现吃，一套表现穿，景颇人生活的两大基本要素都在其中得到体现。舞蹈从砍地开荒直到作物收获，对各道生产环节均有细致的表现，动作近40多套。舞蹈由领舞者引导，舞者双手持一条竹篾，踩着铓锣的节奏缓慢舞蹈。

龙洞戈　为德高望重的老人送葬的祭祀舞蹈，白天在死者家外院场中跳。由两个手持长矛的男性领舞。长矛上系有铜铃，舞蹈动作粗犷有力，动作幅度较大，时而旋转、跨步、屈体，时而跳跃、冲刺等。舞蹈目的是表示为死者开路，驱除挡道的孤魂野鬼。

恩则斋　丧葬舞蹈。过去在景颇族寨子中，有声望的军事首领、武艺高强的勇士或本地著名的猎手去世后，就要跳恩则斋。如果死者生前伤害过很多的生命，这些生命的亡灵就会出来挡住去路。跳“恩则斋”就是要为死者驱鬼开路，护送死者的灵魂顺利到达“老家”。届时，数名男子左手挽盾牌，右手持长刀，在死者家的院场中四处挥刀劈砍，为死者的灵魂开辟道路。到了坟地后还要继续跳。跳恩则斋时，舞蹈没有固定的程式和套路，舞者只以单一的舞蹈动作边走边舞，男人们要时而对空鸣枪，时而挥舞长刀，以助声势驱邪赶鬼。枪声、鼓声、铓声与众人的呼喊声混合在一起，营造出了一种与日常生活完全不同的，只有丧葬时才能看到的特殊时空氛围。

金再再 在送魂的当天晚上天刚刚黑时跳的丧葬舞蹈。舞者有特殊的服饰装束，纹身彩面扮成鬼脸，头戴树叶帽，以野藤叶蔓围于腰部，四肢及身体裸露处用黑白涂料纹满条形饰纹，手持短棍，木制长矛、长刀做舞具，时而击鼓，时而在场内四处随意走动奔跑，扭动跳跃，不时模仿兽类的动作与吼叫声，双手舞棍举矛东刺西劈。跳金再再舞是为了驱邪撵鬼，让死者灵魂安全抵达老家。

单刀舞

闪戈 即刀舞，又称“恩吐拳”，是景颇族富有特色的男子民间舞蹈。景颇族长刀舞历史悠久，流传广泛，大部分的景颇族男子都会跳刀舞。景颇刀舞主要突出“刀”的动作，突出力的表现和力的美。刀舞有单刀舞、双刀舞等，单人舞、双人舞和集体舞，通过各种技巧表演，集中体现景颇人机智、勇敢、粗犷、豪放的民族性格和景颇男子的阳刚之美。

千人刀舞

刀舞中，大部分动作都是对狩猎和打斗动作的实战性模仿，从舞蹈动作中依稀可以看到景颇族先民与野兽和敌人作战的真实场面。刀舞，具有景颇族舞蹈的典型特点和很强的观赏性。

知识链接 **千人刀舞世界纪录** 2012中国德宏景颇族国际目瑙纵歌节期间，为了大力保护和弘扬优秀民族文化，保护民族文化品牌，目瑙纵歌组委会于2012年2月6日，在德宏傣族景颇族自治州芒市广场举行了大型景颇族刀舞表演。1039名景颇族男子统一着装，在统一的音乐节奏下，以统一的表演动作，同时表演了景颇族刀舞。这次表演向世界纪录协会提交了纪录申请，表演结束后，世界纪录协会特邀认证师罗宾·多克（Robin Doak）女士代表世界纪录协会当场郑重宣布申报结果："中国德宏景颇族刀舞创世界最大规模的景颇族刀舞世界纪录成功。"德宏景颇族千人刀舞获得了世界纪录协会的世界纪录认证。

装饰艺术

景颇族的装饰艺术包括绘画、雕刻、织锦纹样等。其装饰艺术的共同特点是构图新颖、色彩鲜明。

独具景颇装饰艺术特色的迎宾门

盾牌

绘画 大多与本土宗教信仰相结合，线条简洁、图案粗犷、色彩鲜明。绘画主要表现于目瑙纵歌场上的示栋图案、宗教祭祀活动中的雌雄牌、寨门装饰、盾牌以及丧葬舞蹈"金再再"舞者的彩绘等。绘画线条主要由单线回纹和单线直纹构成。图案大多是形象的太阳、月亮、山坡以及动植物、农作物等。

▲

祭魂桩

丧葬祭品木鸡 ▶

雕刻 景颇族常用的装饰方式。景颇族雕刻有圆雕和竹木刻两类。圆雕，通常是丧葬活动中的祭祀用品，诸如木鸡与祭魂桩。祭魂桩及祭魂桩上雕刻的抽象纹样和符号，是景颇族某些观念的浓缩，也是景颇族精彩的民间雕刻艺术，造型古朴、别致。木刻，主要用于扇筒、口弦筒、耳环、刀把、织机木梭等用品的装饰，多为两方连续和四方连续图案，雕刻线条细而精致，构图严谨，形象均衡，排列有序，非常精美。是一种别具特色的装饰艺术。

织锦纹样 在景颇族的艺术中，织锦图案丰富，花样种类繁多，色泽鲜艳，具有鲜明的民族特征。常见的纹样有蝴蝶、虎脚印、蚯蚓、毛虫脚、蜂巢、木棉花、木瓜花、南瓜子、闪电、彩虹、流水以及各种树叶的图案，充满了神秘感。织锦纹样、色彩组合绚丽，装饰性很强，是景颇族装饰艺术中的一颗明珠。

◀ 色泽艳丽的织锦纹样

第八章
缤纷节庆

在悠久的历史发展进程中，景颇人从生产和生活实践中创造了缤纷的节庆。他们在节庆中休养生息、欢乐愉悦、娱神娱人、庆祝丰收、增进情谊、增强凝聚力。

景颇族的节日分为两种类型，一类是在与周边的汉族长期接触交往中，受汉族的影响形成的节日传统，例如春节；再一类是景颇族富有特色的民族节庆，诸如新米节、宽仙节和目瑙纵歌节等。

景颇族春节

景颇族原先没有过春节的习俗，后来随着与汉族及其他民族的交往，逐步形成过春节的习俗。景颇族的春节已经融入了许多景颇文化的元素，成为具有景颇特色的节日。节期从农历腊月三十开始，四五天不等。临近腊月三十，人们便开始烤酒，宰杀年猪，舂制糯米糍粑和饵丝，备齐酒、菜等过节物品。除夕之夜，家家户户不仅要全家欢聚喝酒吃肉，过去还要大放火枪。

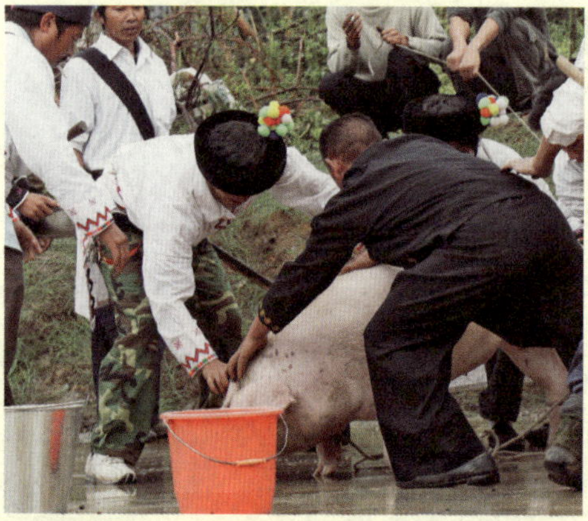
宰杀年猪

背水

大年初一，有挑“新水”的习俗。鸡叫头遍，寨子里的青年男子便争相到泉边或井边挑“新水”。传说，新年里的第一挑新水是吉祥的水，喝了它可以消灾免病。景颇人认为，“新水”还有预测新的一年雨水变化的功能，将凌晨挑回的“新水”与年三十晚备下的水，用相同的容器盛好，再用秤比较轻重，若新水比上年的水重，预示新一年的雨量会比上年丰沛。初一这天不出寨，只在寨内活动。全村人轮流到各家拜年庆

象脚鼓舞

贺，主人用酒肉招待拜年的人。初二，上山野炊。过去，初二还有到山林中围猎的习俗，全村男女老幼出动，如若捕获猎物就平均分配。初三开始，人们带着水酒、糍粑、肉食等物，开始拜亲访友，互致祝福。传统中，从这一天起，女婿要携礼到岳父母家拜年。春节期间，景颇族村寨都会举办汤碟崩、跳象脚鼓舞、对山歌等群众性娱乐活动，男女老少同场共乐，通宵达旦。这时，

知识链接 **汤碟崩** 汉语意为打靶。这种活动通常在春节、目瑙纵歌和老人去世时举行。“汤碟”即靶子，具体做法是把一根约 10厘米粗，20多米长的竹子，去枝丫只保留竹尖，用一细竹篾把准备好的物品系在竹尖上，之后将竹竿插在空地上。竹尖上的汤蝶迎风摆动。打汤蝶时，只能打系物品的细竹篾或细绳，谁把绳子打断使物品落下，物品就归谁。“汤碟崩”是景颇族男子炫耀枪法的时机，举行时围观者很多，每当有人打中时，欢呼声四起，十分热闹。春节期间的“汤蝶崩”活动，由寨子里的青年男女协商筹备，竹尖上挂的物品由男女青年们捐钱购买，一般有手帕、项链及少量钱币，物品常常装在崭新的筒帕中。在场地边，青年男女们还备有米酒，供大家享用。如果男子打落汤碟，便由姑娘们负担米酒和水酒的费用，如果男子打不下“汤碟”，米酒和水酒的费用就由他们承担。丧葬时的汤蝶崩，由丧家准备，悬挂的靶子一般是用芭蕉叶包裹的肉砣，打汤蝶用的火药和子弹也由丧家备好，请前来参加丧礼的人们打靶，以此赢得更多的枪声。景颇族传统中，枪声越多，丧家越高兴。因为，枪声响得多，显示死者财产和亲戚朋友多。

互致祝福

青年人最为活跃，这些活动为他们交友、恋爱提供了时机。整个节日活动一般到初五后结束。

新米节

每年谷子成熟的时候，景颇族家家户户都要隆重地举行带有感恩意味的庆丰收活动——“谷省做”，汉语意为吃新米。由于住地的海拔、稻谷的品种不同，稻谷成熟的时间参差不齐，各地景颇族吃新米的具体日期也不同，大约在每年农历八九月间举行。不论哪一家吃新米，都要把亲朋好友和邻居请来共享。

吃新米

吃新米的头一天，主人家要背着插满鲜花的篮子，将自家稻田里长得最好的成熟稻谷收回一部分，由老年妇女用锅将新谷炒干，再由年轻妇女用手碓舂去谷壳，用簸箕簸去谷糠。这种炒过又去了壳的米叫“扁米”，用扁米煮出的饭清香可口，米味纯正。

吃新米这天，不能宰猪和杀鸡，前来参加吃新米的年轻男人

装饰着鲜花的篮子

分食的饭包

们要结伴下河捉鱼，妇女们则上山采摘野菜和煮新米饭。过去，在景颇人还普遍信鬼的年代里，吃新米的一个重要仪程是祭祀鬼神，由宗教师董萨主持仪式，感谢谷神和各种相关的鬼神给了主人家一个好收成，并祈求来年人畜平安、风调雨顺，获得更好的收成。吃新米时，德高望重的长者要给人们讲述谷子的故事。新米首先给狗吃，之后给稻谷生产中劳苦功高的耕牛吃。狗与牛吃过后，轮到老年人吃，年轻的晚辈们最后才能享用。新米每人仅能分到一小包，做饭时主要加陈米

簸米

知识链接 **谷子的故事** 相传，很久以前，景颇人种植的稻谷没有谷壳，像大米一样，收割回来就能煮吃。香甜的稻米让人们食无节制，不知饱足。人们的行为恼怒了谷魂，他生气地飞回了天上。没有了稻谷，人们饥饿难耐，便派人去请谷魂回来。人去了没能将谷魂请回来，牛和马去了，猪和羊也去了都无功而返。最后让狗去请，谷魂依然不愿回来。狗执着地坚持，它高一声、低一声地整天不停地对着天空凄惨地吠鸣。狗的坚持终于打动了谷魂。但谷魂在重新返回人间时，太阳神给他穿上了一件衣裳，所以，谷子才有了壳。由于谷子是狗请回来的，所以吃新米，首先给狗吃。

做补充，意思是吃粮年年不断。新米节是景颇人的农耕经验交流平台，人们一面饮酒谈笑，一面和主人总结农事，讨论下种的适当时机，如何泡田水、栽秧的技巧、旱地播种的方法和时令、开荒的计划、轮种的学问等等。

知识链接 **叫谷魂** 在景颇人的传统观念中，稻谷是有灵魂的，在稻子的生长过程中，雀鸟、老鼠或耕牛的惊扰以及收割、脱粒过程中的拍打都会让谷魂受到惊吓而离开稻谷。如果不把谷魂叫回来，谷魂就不能跟随谷子回到主人家的谷仓，而景颇人认为没有谷魂的稻谷是不耐吃、不经饱的。因此，每年收割脱粒后，稻谷运回家之前，每家都会在打谷场上举行叫谷魂的仪式。举行仪式时，通常以糯米饭、鸡蛋、干鱼、干老鼠、米酒、水酒等作为祭品，摆放在铺在地上的祭裙“铺岚”之上，请谷魂享用。经过“叫谷魂”仪式，景颇人相信谷魂就会与谷子一起进入主人家的谷仓。

为了弘扬景颇族文化传统，近年来，德宏傣族景颇族自治州各市县的景颇族学会，将以往单家独户各自为政的吃新米活动，统一组织为全市县景颇族同胞共同欢度的新米节，由景颇族聚居的各乡镇轮流承办。新米节时，除景颇族外，承办者会邀请周边的其他民族同胞、社会各界朋友及国外友人来共同欢度。参加节日的景颇人会以乡镇或村寨为单位，背来收获的新米和各种时令果蔬，在活动中展示。新米节上，除了品尝人们带来的各种精心准备的景颇族特色美食、交流一年的生产经验外，还会回顾和探讨传统文化，讲述传统故事，进行文艺演出。这种形式的新米节，成了景颇人共庆丰收、交流农业生产经验、传承传统文化的盛会。

新米节 ▶

新米节上交流生产经验 ▶

宽仙节

又称“采花节”。因男女青年采集花朵互赠礼物，表示爱慕而得名。一般是每年春节后数日举行，时间为一天，是景颇族的传统节日之一。

在斑峥下念祝词

每年到了宽仙节，各村寨的青年男女相约在一起，各自带着糯米糍粑、饵丝、米饭、鸡蛋、肉和水酒、米酒等食物，敲锣打鼓地来到事前选择好的山上游玩一天。在过节的地方，要搭建起“斑峥”（花桩），姑娘们采集各种鲜花插在斑峥上，小伙子们鸣枪、放鞭炮，随后大家尽情地唱歌跳舞。现在，宽仙节不仅年轻人参加，各村寨的艺人们会带领着男女老幼，相聚在节日的广场，吟唱古调、对唱情歌、弹奏民间乐器、吃绿叶宴、展示景颇织锦、开展体育竞技活动，内容丰富多彩。

知识链接 **宽仙节的来历** 相传在古代，一个名叫勒托腊若的男青年和一个名叫木日扎若的女青年相爱，但是他们的自由恋爱遭到了众人的嘲讽和村寨的反对，家人也感到非常没有脸面。因为，那时婚姻必须由父母包办，相爱是不光彩的事。于是这对恋人，用树叶信传情达意，并在每年斑色花开的季节，避开家人和村邻，到他们居住的两个寨子之间的一个风景秀丽的小平坝相会，最后终成眷属。从此，村寨中年轻人自由恋爱时，就学着他们以树叶信表达思念和爱恋，到山上相见。为了纪念这一对勇敢相爱的男女，慢慢形成了宽仙节。

斑色花

目瑙纵歌节

目瑙纵歌节是景颇族最隆重和盛大的节日。目瑙纵歌集景颇族的诗、歌、舞、乐、仪式等多位一体，是景颇族文化的一张闪亮名片。目瑙纵歌不仅是娱乐活动，还有着深邃的文化内涵，是景颇族为家乡风调雨顺、五谷丰登、六畜兴旺、经济发展、生活富足、民族团结的祈福盛典。相传目瑙纵歌源于太阳王居住的天堂，因此有“天堂之舞”的美誉。

目瑙纵歌雕塑

目瑙纵歌起源传说

关于目瑙纵歌的起源，有一个美丽而古老的传说。景颇族的创世纪《目瑙斋瓦》说：

最早，只有住在太阳宫的太阳王的儿女们才会跳目瑙纵歌，鸟类从天上学会了目瑙纵歌，并首先在一棵结满了果实的大青树下举行了大地上的第一次目瑙纵歌，景颇人从鸟类那里学会了这种舞蹈。为了纪念鸟类把目瑙纵歌传到人间，目瑙纵歌的领舞“瑙双”头戴孔雀羽毛、野猪獠牙装饰的犀鸟头形的帽子。景颇

◀ 犀鸟冠

▲ 犀鸟雕塑

人第一次跳过目瑙纵歌后，白米吃不完、红米堆成山，猪鸡数不清、牛马满山坡，金银财门开了，景颇人得到了繁衍发展，人们和和睦睦，日子过得舒心顺畅。从此，景颇人为祈求消灾免难、吉祥平安、生活富裕及庆祝胜利，不定期地举行目瑙纵歌祭典，跳目瑙纵歌变成了景颇人的传统。

知识链接 **瑙双** 目瑙纵歌的总领舞者。由4位头戴犀鸟冠、身穿龙袍的男性组成。目瑙纵歌对担任瑙双的人有很高的要求，他们首先对舞蹈要有悟性，舞蹈动作要规范，并且要求品德高尚、仪表威严。

目瑙祭典

历史上的目瑙纵歌带有浓郁的宗教色彩，是景颇人为了消灾免难、祈求清吉平安、生活富裕以及庆祝战争胜利进行祭祀时所举行的隆重祭典。作为宗教祭典的目瑙纵歌，因举行的目的不同而种类繁多，有生活富裕的人家祈求富裕生活永远相伴的“苏目瑙”，有疾病、瘟疫流行时祈求神灵保佑的“住目瑙”，有庆祝战争胜利的“布当目瑙”，有庆祝新房落成的“嗯冉目瑙”，有德高望重长者逝去的“息目瑙”，等等。这些不同类别的目瑙祭典依据需要不定期举办。

在山官制度废除之前，只有供奉着“木代”神的山官家才有资格举行目瑙纵歌祭典。由于举办目瑙纵歌祭典需要耗费大量的

1960年目瑙纵歌举行前的祭祀仪式

木代神祭坛

财富，所以，目瑙纵歌举办的次数和规模，对一个山官社会地位和威望的提升，有很大的裨益。不是山官而生活富裕的百姓人家，想通过举办目瑙纵歌祭典提高社会声望时，需要用给牛的方式，向供奉着木代神的山官家借来木代神，才能举办目瑙纵歌祭典。那时的目瑙纵歌，带有浓郁的宗教色彩和等级色彩。20世纪50年代末期前，景颇族聚集地区，不同规模和名目的目瑙纵歌祭典一直在不定期地持续举行，直到“文化大革命”时期被彻底禁止。

节日目瑙纵歌

改革开放后，随着民族政策的恢复和落实，景颇族中的一批有识之士，为弘扬民族的传统文化，经过不懈努力，使目瑙纵歌活动得到政府批准恢复。1983年4月，经德宏傣族景颇族自治州人大常委会批准，目瑙纵歌被确立为景颇族法定民族节日，节期为每年正月十五、十六两天。从宗教祭典到民族节日，目瑙纵歌在继承传统的基础上，经过景颇族人

领舞的“瑙双”

民的创新改革，从形式到内容都有了创新。

在名称上，将景颇支系称谓“目瑙”与载瓦支系称谓“纵歌”，合称为“文蚌统肯目瑙纵歌”，意为“景颇族各支系传统歌舞盛会”，简称“目瑙纵歌”。这个新节名，彰显了景颇人追求支系之间团结友爱、和睦相处的民族亲和团结的理念和调适民族内部支系多元以及语言差异的智慧。

在内容上，经过景颇族人民的扬弃，目瑙纵歌从敬祭鬼神的本土宗教祭典活动，演变成了弘扬民族文化、增强民族团结、提高民族自信心，激发景颇族人民奋发向上，合力建设家乡的盛大节日。

目瑙纵歌节来临之际，成千上万的景颇族男女老幼，身着盛装，满怀喜悦地汇集到举行目瑙纵歌盛会的广场。广场中央竖立着高大、神圣的目瑙示栋。在木鼓、铓锣声中，参加节日的人们在领舞“瑙双”的带领下，围绕着他们心目中神圣的目瑙示栋，载歌载舞。舞蹈时，面貌刚毅的男人们手持长刀潇洒刚劲，在阳光的照射下，刀光闪闪；体态轻盈的女人们挥舞彩扇英姿曼妙，衣服上的满身银饰，在舞步的晃动中，唰唰作响。广播里和舞蹈的人们高亢的“哦热啊！哦热啊！”的伴唱及木鼓、洞巴、风笛

▲ 围着神圣的目瑙示栋起舞

女人们挥舞彩扇英姿曼妙

男人们手持长刀潇洒刚劲

等器乐苍凉悲壮的伴奏气贯长虹。成千上万人组成的巨大舞队宛若一条翻腾不息的游龙，舞步整齐，激昂盘旋，千万只脚在一个鼓点中抬起，又在另一个鼓点中顿击大地。豪放整齐的舞队，展示出景颇人团结一心、骁勇顽强、乐观进取的集体主义和民族精神。

目瑙示栋

目瑙示栋

目瑙示栋是竖立在目瑙纵歌舞场中央的目瑙纵歌标志，是景颇人心目中神圣的吉祥物。目瑙示栋由4竖2横的长方形牌柱加底座构成。4根立柱，中间两根为雄柱，两边稍矮的为雌柱，每根柱上都画有图案，每一种图案都富含独特的景颇文化意蕴。雄柱顶端绘画的太阳图案，表示目瑙纵歌传自太阳居住的地方。雌柱顶端绘有月亮和代表景颇族发源于甘青高原的雪山图案。柱身波状的蜿蜒图纹，代表着景颇族的祖先从北到南的迁徙路线；螺旋的蕨形图案，是目瑙纵歌舞队线路的图谱，同时是鼓励民族团结奋进的象征符号。菱形的南瓜子变形图案，和横柱上的乳形图案喻指景颇人祈盼子孙繁衍兴旺。横柱上的五谷六畜图案，代表着景颇人对五谷丰登、六畜兴旺幸福生活的企盼。两根雄柱之间交叉着的

目瑙柱间交叉着的长刀与宝剑

长刀与宝剑，象征着景颇族从青藏高原一路向南披荆斩棘、开拓创业、征战、迁徙的奋进历史，彰显着景颇人对勤劳、勇武、坚毅、刚强品质的崇尚。目瑙示栋是景颇人独创的非物质文化的物化符号。

持枪舞蹈

参加目瑙纵歌节的阿昌族妇女

目瑙纵歌蕴含了景颇族传统文化的精髓，集中展现了景颇族的历史起源、宗教信仰、道德观念、音乐、舞蹈等文化艺术特点。目瑙纵歌是景颇族的精神之舞，豪放、遒劲的舞步，恢宏盘旋的舞队，彰显着景颇族在历史长河中奋力搏击、团结一心、骁勇顽强、乐观进取、自强不息的集体主义和民族精神。目瑙纵歌是展示景颇族发展状况的窗口，传统与现代、古朴与时尚元素的交融，展现了景颇族兼容并蓄的胸怀和与时俱进的足步。目瑙纵歌是边疆民族和谐的桥梁，不同民族、不同国度的人们在舞场上的相携共舞，增进了各族人民的沟通交流与团结和睦。

“天堂之舞”，不仅在传说中给景颇人带来了人畜兴旺、五谷丰登，在现实中提高了景颇族人民的民族自信、自尊、自强，激发了景颇人民强烈的民族自豪感，促进了景颇族的商贸交流、文化弘扬和经济发展。同时，目瑙纵歌增强了边疆各民族的团结与和谐。目瑙纵歌是一个组织化程度极高的节庆活动，它在充分体现景颇族高超群舞水平的同时，也充分展示了景颇族极强的社会动员及组织能力。2006年5月20日，景颇族目瑙纵歌经国务院批准列入第一批国家级非物质文化遗产民俗名录。

知识链接 **目瑙纵歌节万人之舞世界纪录** 2012年2月6日，中国德宏景颇族国际目瑙纵歌节组委会，在德宏傣族景颇族自治州芒市广场举行了“世界最大规模景颇族目瑙纵歌节万人之舞”表演，18604人参加了目瑙纵歌表演，成功创下世界纪录协会认证的“中国德宏景颇族目瑙纵歌创世界最大规模的景颇族目瑙纵歌世界纪录”。

目瑙纵歌节万人之舞世界纪录现场

第九章
历史文化名人

在景颇族的历史进程和文化传承与发展进程中，一些普通的平凡人，在景颇族的历史进程和文化发展传承中做出了非凡的贡献，而成了不平凡的历史文化名人。在带领读者走近景颇族时，他们是应该让读者了解的景颇人。

从教会教师到云南省政协副主席：司拉山

司拉山（1923—1980），原名穆然勒山。司拉山是景颇族对他的尊称。司拉系景颇语对“牧师”或“教师”的称谓，山是他的名。由于历史原因，司拉山后来成为他的汉语名字。历任陇川县人民政府副县长、德宏傣族景颇族自治州副州长、云南省少数民族语文指导委员会副主任、云南省第四届政协副主席，第四、五届全国人大代表。

司拉山

1923年，司拉山出生于缅甸境内的邦侯山寨。其祖父原居于云南省盈江县盏西朋果寨，后迁往缅甸。司拉山12岁进入缅甸班伦五年制基督教教会学校读书。在这所半工半读的学校里，家境贫寒的司拉山为了能多攒一点买笔墨纸张的钱，除每天和同学们一起劳作之外，他还到老师家里做带孩子、洗衣煮饭等杂活。在学校读书的第三年，司拉山接受了洗礼，成为一名虔诚的基督教信徒。1938年5月，考入了缅甸八莫中学。在这里，司拉山除学习到了常规的文化知识外，还学习到了基督教文化和西方的民主思想。1941年初，在八莫中学读书的第三年，他带着家人撵走了家中供奉的家鬼，全家改信了基督教。1942年3月，日本人占领八莫，司拉山的学业就此终结，回到了邦侯家乡，从事商业活动。

1947年6月，司拉山被缅甸基督教浸礼会八莫总会派到中国陇川章凤地界上创办学校并任教。司拉山给开办学校的荒山坡取名广山，从教授7个学生开始，创办了广山学校。从此，司拉山开始被景颇人尊称为司拉山，他也从此定居在了中国的土地上。由于历史的原因，后来司拉山成了他不能改变的名字。而他自己真正的姓名——穆然勒山，也越来越不被人们知晓。

司拉山有很强的民族责任感，他认为要改变景颇族的落后面貌，必须先从学生们开始。在广山教书的三年时间里，他渐渐结识了陇川、瑞丽两地的许多景颇族山官和头人。他赢得了越来越多的景颇族同胞的信任与尊敬，也使得这一带的景颇族基督教信众成倍地增加。广山寨也渐渐地成为德宏州陇川、瑞丽、盈江景颇族基督教的活动中心。

在办学之余，司拉山认为，景颇族应该有一个领导和凝聚本民族的机构，以解决景颇族内部或与其他民族的纠纷。在他的倡导和领导下，1949年底，在陇川成立了“中国山头族办事处”，选出了以司拉山为办事处负责人的7人领导小组。1950年6月，为解决2名景颇族青年因携带枪支进入陇川县城被解放军误认为土匪而扣留的事件，司拉山与解放军驻陇川的驻军首长有了接触。通过这次接触，他对共产党的民族和宗教政策有了初步了解。1950年9月，陇川军政代表团组织召开了各民族上层人士参加的会议，宣传共产党的民族政策、宗教政策和党对民族上层的政策，司拉山参加了会议。会后，司拉山在景颇族中积极宣传共产党的各项方针政策，对在景颇族中尽快消除对共产党的疑惧起到了积极作用，是陇川县境内民族上层中较早接受并拥护共产党领导的开明人士。1950年11月，司拉山出席了陇川县各族各界人民代表大会，当选为陇川县首届各民族行政委员会副主任。同年12月，出席了保山专区各族各界人民代表大会，不久被送往昆明、北京参观学习，受到有关党政军领导的热情接待和民族团结教育。1951年3月，司拉山在陇川户瓦举行目瑙纵歌万人大会，庆祝“中国山头族办事处”成立一周年，在会上，他积极宣传保山专区各族各界人民代表大会精神，宣传党的民族政策，以及到北京见到毛泽东、周恩来等国家领导人的情景和在各地参观的见闻。1951年，司拉山接受人民政府的建议，将“中国山头族办事处”改名为“陇川山头族办事处”。1951年9月，他再次参加云南省少数民族参观团前往首都参加国庆观礼，目睹了祖国建设取得的伟大成就。1951年12月，司拉山出任陇川县各民族联合政府副县长。1952年7月，因对“三自革新”有疑惧，私自出走缅甸，后经政府争取又回到广山。之后，他提出组织联防武装清剿边境残匪的建议，获得陇川县政府批准后，经过两次出击，残匪溃散。1953年3月，司拉山调往“德宏傣族景颇族自治区筹备委员会”工作，当选为德宏傣族景颇族自治区副主席。1955年2月，司拉山调往云南省民委工作。1956年12月，司拉山跟随周恩来总理访问缅甸并做翻译，之后，抵达芒市参加了中缅两国边境人民联欢会。

司拉山十分热爱自己民族的语言和文字，他本人精通景颇、载瓦两种方言，精通景颇文。他主张景颇族必须学好中文，认为一个不懂自己国家主体民族的语言与文字的民族是不可能快速发展的。同时，他也认为，作为景颇族的一员，还应该懂得自己民族的语言和文字，不懂自己民族的语言和文字，也就不懂什么叫继承和发展，更不可能成为自己民族的真正代表。在云南省少数民族语文指导委员会担任领导期间，司拉山对德宏州政府主办的景颇语版《团结报》和于1969年10月1日正式开播的云南人民广播电台景颇语广播都很重视。

“文化大革命”期间，司拉山受到冲击，1968年被捕入狱，家人被下放至保山地区昌宁县农场劳动改造。1973年末，司拉山得到平反，恢复了工作。1979年5月，司拉山担任云南省政协副主席。1980年2月病逝。

从山官到自治州副州长的 雷春国

雷春国（1923—1967），景颇名为木日·道光早东，又名木日道光阿国。云南省德宏傣族景颇族自治州陇川县王子树乡厅子房寨人，曾为陇川县王子树厅子房山官。1952年参加革命工作，历任梁河县第五区区长，保山专区民委副主任，全国政协委员，国家民委委员，全国第一、二、三届人大代表，片古岗工委委员，片古岗管理委员会副主任，德宏傣族景颇族自治州副州长。“文化大革命”中被迫害致死。

木日家族是景颇族山官制度中五个官种姓氏之一。1950年，陇川县和平解放。由于对共产党缺乏了解，1951年3月，时任厅子房第十二代山官的雷春贤，受到国民党残余部队的挑唆，与弟弟雷春国带领家人携带财产举家外逃缅甸，途中，雷春贤被土匪击杀。雷春国及家人被解放军解救。1951年5月雷春国承袭厅子房山官世职。袭职后，雷春国表示愿意接受共产党的领导。

雷春国

1952年初，为适应“军事进剿、政治瓦解、发动群众”的需要，边疆民族工作团派出武装工作队到景颇山区开展工作，决定在地方民兵中组建一支脱产联防队。雷春国主动把家里的全部武装交给了联防队，其中，各种枪支60余支，子弹4 000余发。他被委任为大队长，配合部队剿匪清匪和清除特务，同时开展以景颇族聚居村寨为主的广大山区的工作。同年底，雷春国第一次参加保山专区召开的各民族代表会，又到昆明参观学习，深受教育，回到陇川即带头宣布放弃山官特权，带头禁种罂粟，并把联防队改为民兵队。1952年春，雷春国被选为第一届全国青联委员和全国政协委员，以山官、梁河县第五区区长的双重身份到北京出席会议，受到毛泽东、刘少奇、朱德、周恩来等党和国家领导人的接见。当年9月，雷春国又赴北京参加国庆观礼，又受到刘少奇主席的接见。1953年4月，雷春国参加了德宏傣族景颇族自治区的筹备工作，提出了许多有利于民族团结的建设性意见，得到各族人民的信任和拥护。德宏傣族景颇族自治区成立后，他当选为自治区副主席。1956年4月，德宏傣族景颇族自治区改为德宏傣族景颇族自治州，雷春国又担任副州长。1959年，雷春国加入了中国共产党，是德宏州民族上层人士中较早入党的一位。1960年，雷春国参加了中缅联合勘界和接管片（马）古（浪）岗（房）的工作，担任片古岗工委委员、片古岗管理委员会副主任。1961年，随同周恩来总理访问缅甸。雷春国自参加革命工作以后，处处以身作则，维护党和人民的利益，为边疆的民族建设事业做出了突出贡献。

“文革”期间，雷春国受到批斗，不堪忍辱，他愤然写下遗书，将存款中158元作为安葬费，其余4 860元留作最后缴纳的党费，之后一家四口集体自杀，以死抗争。1979年，中共德宏州委在芒市为雷春国召开了追悼大会，为他平反昭雪，对他的一生给予了公正评价。

从世袭抚夷到自治州政协副主席：尚自贵

尚自贵（1893—1974），景颇名穆然早堵。1893年出生于云南陇川县王子树乡罗朗寨世袭贵族家庭。担任过邦角山官、石婆坡隘抚夷、云南省政协常务委员、德宏傣族景颇族自治州政协副主席。12岁步入政坛，历经清朝、民国和中华人民共和国三个时代，是景颇族政治历史中的著名人物。

尚自贵 ▶

尚自贵曾祖父穆然早乱于清嘉庆十四年被册封为石婆坡隘副抚夷。1905年，年仅12岁的尚自贵承袭了亡父穆然布当的邦角山官及石婆坡隘副抚夷职位，协助抚夷刘家管理石婆坡隘地方事务。民国十五年（1926），尚自贵任石婆坡乡乡长、抚夷。民国二十二年（1933）担任腾冲保商大队长，组训壮丁护路，缉捕盗匪，维持地方社会治安。第二次世界大战期间，日寇从缅甸入侵德宏以后，他组织民兵参与了梁河曩宋河南岸阻击日寇扫荡的战斗。其子尚德忠、尚德国也带民兵参与遮放、芒市地区的抗日斗争。民国三十四年（1945），因刘、尚两家争斗仇杀，尚自贵被革除抚夷、乡长职务。1948年3

知识链接 **邦角** 清代属石婆坡隘，民国期间曾设石婆坡乡，新中国成立后属梁河县五区，1952年建邦角乡，1956年建邦角文化站，1958年由梁河划入陇川岗巴文化站，今属陇川县王子树乡邦角行政村。中华人民共和国建立前，邦角山官传至尚自贵时已经世袭山官职位4代100多年，辖有四十八寨，是今德宏地区较大的山官。

月，英殖民主义者在中缅交界处的八莫召开秘密会议，怂恿景颇族闹独立，尚自贵拒绝参加，并将英文信函交给地方国民政府。1949年，尚自贵恢复乡长、抚夷职务，并被保山专署委任为梁河第一区联合自卫队副总指挥。

新中国成立后，尚自贵在中国共产党民族统战政策的感召下，宣布放弃山官剥削制度，当选为德宏傣族景颇族自治州政协副主席。他对家乡的社会事业十分关心。从邦角到小陇川要经过罗卜坝河，旧社会没有桥，雨季洪峰来临，人群牲畜通过，时有被冲走淹死的情况发生。他多次向各级民委反映，县人民政府很快拨出专款，于1955年在界岭河段修起一座石桥。他不懂文化，但他懂得要复兴一个地方，首先必须发展文化教育事业，他积极向上级反映，要求在邦角开办一所小学，很快得到政府的同意，于1955年派来两位教师创办学校。建校时，没有校舍，他腾出家中厢房来做教室。他发动邻近受益村寨的民众帮助学校挖地基、抬木料建校舍。他离开家到州政协工作以后，每年春节回家他都会去邦角小学看望，力所能及地帮助教师解决办学中的困难。担任州政协副主席后，为边疆的民族团结进步和社会主义建设事业做了很多工作。

1966年“文化大革命”开始后，尚自贵和其他民族上层人物一样，身心受到摧残，但他始终坚信共产党的政策是好的，站在人民一边，自觉接受思想改造。1974年因病逝世，享年81岁。1979年4月，中共德宏州委召开追悼会，为其平反昭雪。

著名景颇民间文学家沙万福

沙万福（1900—1979），又名贡推干，云南省德宏傣族景颇族自治州盈江县卡场乡五帕寨人，景颇族大斋瓦，著名的景颇族民间文学家。

19世纪末之前，景颇族没有文字，民族的历史和文化都靠口头传承。生长在景颇山寨的沙万福聪明好学，自幼就爱听老人们讲景颇族的民间传说、故事和叙事诗，少年时便跟着老人们学习演唱景颇族的古歌。青年时期，他跟从大斋瓦学习研究景颇族历史、宗教、文学艺术。中年时期即通晓景颇族历史、谙熟景颇族的宗教礼仪，同时对民间故事、叙事长诗以及各种民间演唱都有很深的造诣，是中缅边境两边景颇人公认的“大斋瓦”，经常参加当地最大规模的祭祀活动，并担任主祭司吟唱景颇族史诗。人们形容他的歌“比天上的星星多，比树上的树叶多”。新中国成立初期，整个德宏傣族景颇族自治州仅有5名斋瓦，沙万福是其中水平较高，影响较大的一位。

新中国成立后，沙万福历任盈江县卡场乡乡长、盈江县政协委员。1955年，被调入盈江县政协专门从事景颇族口头民间文化的挖掘整理工作，口述了大量史诗、传说、故事，为研究景颇族历史、政治、经济、宗教、习俗和文学艺术，提供了许多有价值的资料。1956年，国家民委编写的“民族问题五种丛书”《景颇族社会历史调查》中的许多资料，是沙万福提供的。“文化大革命”中，沙万福受到迫害，他讲述整理的几十本资料被斥为“封建迷信”而被焚毁。值得庆幸的是，在沙万福生前，中国社会科学院的萧家成研究员和时为德宏团结报社记者的景颇族文史学者李向前，分别记录下了由他吟诵的创世史诗《目瑙斋瓦》和《勒包斋娃》，并且已经分别整理出版，成了研究景颇族历史、文化的珍贵文献。

景颇语言文字学家岳相昆

岳相昆（1922—1987），中央民族大学副教授，景颇语言文字学家。

岳相昆

1922年，岳相昆出生于云南陇川曼软寨。10岁时离开家乡到缅甸洛旦学校读书，后进入缅甸国立八莫高等学校读书，毕业后升入密支那师范学校。岳相昆在师范就读期间，时值第二次世界大战爆发，日军占领了缅甸。缅甸沦陷后，岳相昆中断了学业，师范未毕业便弃学从戎。1944年， 他投身到美军在缅甸组建的一〇一突击队参加对日作战。日本投降后，在缅甸国防军中工作，并进入缅甸眉谬军校学习。脱离军界后，曾在密支那做过出版商、报社社长、总编辑，出任过克钦青年同盟会秘书长。

1952年，岳相昆回国。先后在保山、昆明学习汉语和汉文，一句汉语都不会的他，刻苦学习，用两年时间过了汉语文关。1954年6月，岳相昆被调往昆明，就职于云南省民族语言文字委员会。新中国成立初期，由于党和国家需要大量既精通汉语文又懂景颇语言文字的人才，在中央民族学院语文系设立了景颇语专业。1955年1月，岳相昆被调往中央民族学院语文系，教授景颇族语言文字。1956年，在中缅两国边民联欢大会上，缅甸的吴努总理向周恩来总理提出中缅两国景颇文保持一致的建议，周恩来总理当即表示赞同。为此，周总理指示，为了中缅两国人民的“胞波”情谊，景颇文应该尽量保持原貌，以便两国景颇人之间的书信往来和文化交流。当年，中国科学院派出了少数民族语言调查队到云南开展景颇语言文字的调查研究工作，岳相昆从北京来到云南保山，为调查队第三工作队的队员教授景颇语文，并参加了保山专区民族干部学校进行的景颇文实验教学，帮助当地政府培养景颇文的师资。不久，他又被抽调到了昆明，参与景颇语成语的翻译。同时，他与中央民族学院景颇语专业的汉族师生一起，开始了《景汉辞典》《汉景辞典》的编写工作。“文革”中受到冲击。1969年，由于边境地区急需景颇语版的《毛主席语录》和《毛泽东选集》，岳相昆被派往云南省德宏傣族景颇族自治州芒市参加《毛主席语录》的翻译工作。1976年，德宏傣族景颇族自治州第一期景颇文师资培训班开办，岳相昆再次从北京来到德宏担任教员。

岳相昆为景颇语言文字人才的培养、景颇文的推广、应用做出了很大贡献。著有《景汉辞典》《汉景辞典》、景汉对照《景颇族民间故事2》《景颇语基础教程》等著作。

景颇族第一个文史馆员赵学先

赵学先，景颇名为静王甘，1950年出生于云南陇川王子树乡贡冈寨。云南民族大学教授，硕士生导师，云南省文史馆馆员、

赵学先

云南省作家协会会员。历任中国民族理论学会常务理事、云南民族大学法学与公共管理学院党委书记、云南省民族研究所党委书记、云南省委统战部民族理论与政策研究基地主任、云南省景颇族研究委员会常务副会长、昆明市第十届人大代表。

赵学先1975年毕业于云南民族学院政治系，主要从事民族理论与政策、世界民族问题的教学和研究工作。出版了《世界民族问题概论》《云南民族地区行政制度》《民族理论教程》《莽林中的崛起》《景颇族文化大观》《云南少数民族非物质文化研究》《中国国民党民族理论与政策研究》等12部学术著作，参撰全国民族院校统编教材《中国民族理论新编》，公开发表学术论文70多篇。

除民族理论和民族问题的教学与研究工作外，赵学先还是一位以景颇文从事文学创作的景颇族当代文学作家。他创作发表了《早乐东》《户宋河边》《参灵与幸灵》《发财之后》《目瑙前一天》《命运》《无花果》《两天之内》等数十篇（部）小说。他的小说，内容和题材涉猎较广，既有历史的回顾和再现，也有对于现实生活的反映和思考。长篇小说《早乐东》和短篇小说《户宋河边》，是以中国近代史上景颇族爱国山官带领景颇族人民抗英保家，以景颇族人民抗英爱国的“马嘉理事件”为背景创作的历史题材小说，这两篇小说均以爱国主义贯穿始终，以较为翔实的史实，向读者展示了景颇族人民守土卫国的历史故事。此外，还发表了《我与太阳》《桦桃树》《小酸蜂》《杞木树》《鹧鸪泪》等多篇托物言志、富有哲理的散文。

2013年9月，赵学先被云南省人民政府聘为云南省文史馆馆员，成为景颇族历史上获此殊荣的第一人。

当代景颇族文学作家岳坚

岳坚，1952年1月生于盈江县弄璋镇。1967年8月毕业于德宏傣族景颇族自治州民族师范学校，同年参加工作，任小学教师。1973年9月至1976年8月就读于云南民族学院少数民族语言文学系，毕业后在云南民族出版社从事出版工作。1997年获编审职称。2010年被聘为专业技术二级岗位。历任编辑室主任、副总编辑、社长、总编辑。2013年3月退休。

岳坚

岳坚从事民族出版工作30多年，编辑出版了《景颇族民间故事》《景颇族传统祭词译注》《景颇族祭祀古歌》《山魂》《阿昌族文学简史》《怒族文学简史》《阿昌族文化论坛》等图书，主持或参与组织出版了《云南少数民族文化史丛书》《云南民族文化大观丛书》《云南少数民族文学史丛书》《云南民族科普丛书》等一批丛书、系列书。撰写了《坚持民族出版方针提高民文图书质量》《编辑工作要始终着眼于提高图书质量》《走改革的路开创民族出版新局面》《做好新时期民族出版工作》《解放思想开创民族出版新局面》《景颇文图书出版事业的建立和发展》等文章。多年来，为繁荣和发展民族出版事业做出了努力。1994年被评为云南省第三届民族团结进步先进个人。1998年被评为云南省新闻出版工作突出贡献者，享受省政府特殊津贴。2008年获得出版工作改革开放30年中国出版荣誉纪念章、云南省出版荣誉纪念章。2009年被新闻出版总署评为百名有突出贡献新闻出版专业技术人员。

岳坚坚持本民族母语创作，先后创作发表或出版了短篇小说《谁的过错》《落榜的姑娘》《新生》《日记》《晚霞》，长篇小说

《山乡深情》《拂晓的梦》《职责》《悠悠岁月》等。其中，短篇小说《谁的过错》获首届云南省少数民族文学创作奖和首届全国少数民族文学奖，长篇小说《职责》获第四届全国民族文学奖，《落榜的姑娘》被改编为广播剧，由云南人民广播电台用景颇语制作播出。《悠悠岁月》获全国民族图书三等奖，《拂晓的梦》获云南省优秀图书二等奖。承担了联合国教科文组织资助项目禁毒防艾宣传题材景颇语广播剧《悲情人生》剧本创作任务。剧本由云南人民广播电台制作播出，获云南省第五届文学艺术创作奖一等奖。发表了《新时期景颇族文学发展初探》《具有开创意义的事业》等文章。1986年加入云南省作家协会。

知识链接 **全国少数民族文学创作“骏马奖”** 1981年创立，前身为全国少数民族文学创作奖，从第九届改名为全国少数民族文学创作“骏马奖”，至今已经进行了十届评奖。该奖是由中国作家协会、国家民族事务委员会共同主办的少数民族文学的国家级文学奖，与茅盾文学奖、鲁迅文学奖、全国优秀儿童文学奖齐名。每三年评选一次，除港、澳、台出版社出版的作品暂不列入外，凡在评选年度内在国家地、州以上出版社出版的少数民族作者用汉文或少数民族文字出版的长篇小说、中篇小说集、短篇小说集、诗集、散文集、报告文学集、评论集、儿童文学集及报纸、刊物发表的单篇作品均可参加评选。奖项设有：长篇小说，中篇小说集，短篇小说集，诗集，散文集，报告文学集，评论、理论集，翻译，新人新作。全国少数民族文学创作奖的设立，对推动我国少数民族文学创作和鼓励优秀少数民族作家产生了良好的效果。

景颇族文史学者李向前

李向前，笔名特曼，1950年出生于云南盈江县铜壁关乡。1969年2月参加工作，1970年2月加入中国共产党。云南大学中文系、云南省委党校政专毕业，大学专科学历。曾参加过中国人民解放军，历任德宏团结报社社长、总编辑，德宏傣族景颇族自治州委常委、州宣传部长，德宏傣族景颇族自治州总工会主席，中国民间文艺家协会会员。

多年来，李向前在工作之余，致力于景颇族文化的抢救、搜集、研究工作，发表了大量景颇族研究方面的成果。编撰有《目瑙斋瓦》《孔然斋瓦》《景颇族文史画册》《当代云南景颇族简史》等著作。其中，《目瑙斋瓦》现已被列入国家非物质文化遗产保护目录。是景颇族文化研究的权威专家，具代表性的景颇族文化传承人。

为破解景颇族的迁徙之谜，2002年至2009年期间，他曾组建"景颇寻根考察队"，沿着景颇族世代口耳相传的"送魂路"寻根问祖，四次北上内蒙古、陕西、甘肃、四川、西藏等地，并西进缅甸克钦邦，全程重走了景颇先民传说中的南迁之路，寻找到了许多与景颇族紧密相关的实物证据，使景颇族创世纪《目瑙斋瓦》中的一些记载得到了印证，并由此推演出了一条远古景颇族的迁徙路线。经多年潜心研究，李向前对景颇族的研究提出了一些独到的观点。他提出，景颇族的迁徙路线，从青海河湟一带南迁，经玉树、囊谦、昌都、邦达进入怒江上游流域，在此分为两路，景颇支为西路，进入怒江西部，沿独龙江进察隅、江心坡和阿萨姆地区。提出了景颇族浪莪支系沿怒江东部和澜沧江流域南下，兼并六诏，建立了南诏政权的一家之言。他的景颇族研究成果，有的填补了景颇研究领域里的空白，在国内外景颇族中有很大影响。

◀ 李向前

当代景颇族文学作家石锐

石锐，1948年出生于云南省盈江县铜壁关乡金竹寨。云南民族大学教授，硕士生导师。曾任第十届全国政协委员，第八、九届云南省政协委员，中国致公党云南省委常委。景颇族当代文学具有开拓意识和代表性的作家。

石锐之父是一位景颇族的宗教师董萨，不但熟知各种景颇族的古歌，还能创作新民歌。石锐从小就受到了景颇族传统文学的熏陶。1960年，石锐在盈江县旧城中学读书期间，由于能歌善

石锐

舞，擅长吹奏景颇族的传统乐器竹笛和吐良，被盈江县文艺宣传队招收为宣传队员。1973年，在工作之余，石锐创作了他的处女作《队长腊约》。在这篇小说里，石锐以一个景颇人特有的朴实和纯真，描写了一个年轻的景颇族生产队长腊约，带头破除迷信，和乡亲们一起兴修水利，一改景颇人只种旱田不种水田的故事。因为这篇小说，石锐参加了当年在保山召开的保山专区改稿会，是到会的数十人中唯一的少数民族作者。同年，石锐凭借他的创作，被推荐上了云南大学中文系。1976年大学即将毕业时，石锐在当时的《云南文艺》发表了散文《长刀行》。

大学毕业后，石锐被分配到云南民族学院任教。之后，他发表了大量作品。1980年7月6日，发表于《云南日报》的散文《歌舞山》，获云南省少数民族文学创作奖。 1981年，发表于《边疆文艺》1981年第一期的小说《勒干与娜霜》，被《小说月报》1981年第三期选载。这篇小说引起了文学界对石锐的关注，他被云南省作家协会推荐选送到中国作家协会主办的鲁迅文学院的前身——文学讲习所，进行了系统的文学理论学习。这篇小说还被日本中国研究会的川口孝夫译成日文介绍到日本。此后，石锐发表了汉文和景颇文的短篇小说60余篇，中篇小说三部。文学作品曾多次获奖。

除进行文学创作外，石锐还对景颇族文化进行研究，发表了《近年来景颇族书面文学发展概况》《景颇族传统农业的变迁》《景颇族原始生死观浅析》等十多篇论文，撰写了《景颇族文化习俗论》《景颇族文化史》《景颇族原始图画文字译注》《景颇族传统祭词译注》等著作。

景颇族诗人晨宏

晨宏（1959—2005），本名尚正宏，德宏傣族景颇族自治州陇川县人。1982年毕业于中央民族学院汉语言文学系，1985年入云南大学中文系“现当代文学”专业助教班学习。生前为云南民族大学民族语言文学系讲师。

尚正宏

晨宏是景颇族作家文学的开创者之一。1978年，从云南省陇川县考入中央民族学院汉语言文学系学习。为使自己的民族告别没有作家文学的境况，他带着“想通过我的笔，让更多的人了解和认识我的民族；通过我的笔，让我的民族也更多了解和认识我们的时代和社会，当然，也想通过我的笔为自己的民族增光添彩”的美好心愿，在中央民族学院读书时就开始了文学创作。先后创作发表过诗歌、散文、小说、评论等作品。

在晨宏的文学创作中，诗歌是其主攻。他的诗歌，在景颇族当代文学创作中，独树一帜。他以个人的心灵“记录”并“储存”了景颇族在特殊发展时期的属于民族的多种体验、情感和记忆。他的诗歌题材多涉及景颇族的生活，体现着对景颇族文化的认同。从1980年开始，晨宏先后在各级各类报刊发表诗作200余首。2004年，云南民族出版社出版了他的诗集《我从远山来》，收录了他众多诗歌中的77首。除诗歌外，晨宏主编过第一部景颇族作家作品选《景颇族当代文学作品选》，合作翻译过景颇族创世史诗《目瑙斋瓦》（德宏民族出版社，1991年），编写过第一部系统论述景颇族文学的专著《景颇族文学概论》（云南大学出版社，2003年）。

2005年10月，晨宏因病去世，终年46岁。在20多年的创作历程中，晨宏留下了一串串闪光的脚印，为景颇族作家文学撑起了一片天空。

景颇族当代文学女作家玛波

玛波，又名沙红英，云南省盈江县人，生于1958年7月。大

玛波

学本科学历。历任德宏团结报社记者、《德宏团结报》景颇文组副组长，德宏傣族景颇族自治州文联《文蚌》杂志主编，德宏傣族景颇族自治州作协副主席。

玛波是景颇族的第一位女作家。1980年开始发表作品。第一篇小说《瑞丽江之泪》，获得了云南省少数民族文学创作奖。2009年加入中国作家协会。著有长篇小说《诺仁》《罗孔札定》，小说《落难的雇佣军》《江岸别墅》《幽幽香草》《鸽血红》，纪实文学《在另一个世界》等30余篇、部。长篇小说《罗孔札定》（景颇文汉文对照）是玛波的力作，是第一部描述景颇族历史的长篇小说，它依据景颇族的一个历史事件创作而成，从采访、创作到最后出版，经历了15年的时间。其间，玛波多次到事件的起源地——缅甸景颇族居住的中心江心坡一带走访，反复佐证，投入了巨大精力。

作为作家，在景颇族作家群体中，玛波不但以自己的个性展示着她的作品，同时也是能用汉文和景颇文进行文学创作的“耍双刀”的能手。她的作品，大多反映和表现当代景颇族女性切身关心的问题，如她们的婚姻、爱情、家庭、追求和向往等。她以女性特有的细腻和敏感，从伦理道德的角度对男权至上的景颇族社会中女性的婚姻、爱情、家庭、追求和向往等方面问题进行剖析和评价，把发展个性，争取男女平等，抵制传统陋习作为自己艺术创作的主要内容。

玛波的作品曾多次获奖，长篇小说《诺仁》获第三届全国少数民族文学创作奖特别奖，短篇小说《鸽血红》于2005年获边疆文学奖，长篇小说《罗孔札定》于2008年获第九届全国少数民族文学创作“骏马奖”长篇小说奖。

景颇族当代文学作家岳丁

岳丁，1958年出生于云南省盈江县油松岭茶山寨。1985年毕业于云南民族学院民族语言文学系景颇族语言文学专业，现为云南民族大学民族文化学院教授，硕士生导师。景颇族当代文学作家。

岳丁

岳丁是景颇族当代文学作家中起步较早的一位，从1981年在《云南群众文艺》第2期公开发表第一篇小说《在崎岖的山路上》开始，先后发表过《爱的渴望》《月光下》《在小河边》《山野的碓声》《一片绿叶上的槟榔汁》《重逢》《第一不属于我》《远山的童话》等数十篇小说。其中，发表于《人民文学》1982年第6期上的短篇小说《爱的渴望》，获云南省1981—1982优秀作品奖和第二届全国少数民族文学创作短篇小说二等奖；发表于《民族文学》1987年第11期上的短篇小说《一片绿叶上的槟榔汁》，获民族文学杂志社颁发的优秀作品"山丹"奖。发表于《边疆文艺》1982年第10期的小说《在小河边》，曾被译为英文在《北京周报》上刊载。他的作品还被收入了《中国新文艺大系》。除小说外，岳丁还著有诗集《陌生地带》和《风起时》。

景颇歌舞著名编导石勒干

石勒干，1955年出生于云南省陇川县的景颇山寨。大学专科学历，国家二级演员，景颇族歌舞著名编导。曾任德宏州景颇民族文化工作团团长。

石勒干在景颇山寨长大，少年时代就喜欢吹笛子，喜欢听悠扬的景颇山歌。1976年12月，因为会吹奏多种景颇族乐器，被招录进入德宏傣族景颇族自治州景颇民族文化工作团前身陇川县宣传队工作，走上了专业的文艺道路。

石勒干

在20世纪80年代之前，石勒干一直是乐队演员，从事景颇族乐器吐良、洞巴的演奏。1979年担任陇川县宣传队乐队队长。

1979年和1981年两次被云南省歌舞剧院借调，同时在那里进修作曲，走上了作曲的道路。1981年至1990年出任陇川县民族文化工作队队长，1991年至1998年任陇川县民族歌舞团团长，1999年至2001年任德宏傣族景颇族自治州景颇歌舞团副团长，2001年至2012年5月任德宏傣族景颇族自治州景颇民族文化工作团团长，并兼任该团创研总编导及陇川县民族节庆、大型歌舞晚会节目的总策划、总编导和总作曲。

石勒干对景颇族歌舞和音乐的发展及创新，做出了积极贡献。1980年，陇川县举行了“文革”后的第一次大规模的目瑙纵歌活动，参加人数达到了6.6万多人，是截至当时，国内景颇族历史上规模最大的一次目瑙纵歌。石勒干参与了当时目瑙纵歌伴奏音乐的创作工作。石勒干一边到景颇山寨采风学习，一边按照自己从小就有的景颇族音乐的感觉，写下了他的第一首目瑙纵歌曲。为了烘托目瑙纵歌大型集体舞蹈的恢宏气势。他潜心研究拓宽音域，把景颇族的音乐与西洋管乐结合，走出了一条景颇族传统民族音乐与西洋音乐相结合的成功之路。从2002年开始，目瑙纵歌现场演奏的音乐，很大部分都出自他的创作。除了音乐，在视觉上，石勒干也有创新，1987年，他在策划陇川县朋生目瑙纵歌时，在舞蹈队伍中编创加入了不同服饰和道具的方块队，增强了目瑙纵歌的视觉美。这一创新被其他地方的目瑙纵歌活动借鉴并完善。石勒干为目瑙纵歌逐渐发展成为气势恢宏、旋律激扬、服饰靓丽、道具齐全，全方位展示景颇族民族精神和文化艺术的平台做出了贡献。

石勒干领导的景颇民族文化工作团担负着弘扬民族文化，挖掘和传承优秀民族歌舞艺术和对外宣传的重任。石勒干带领全体团员，在挖掘、整理景颇族民间文化艺术基础上创作了大量歌曲、舞蹈作品，把这个团打造成了具有鲜明而独特的民族风格和厚重而多彩的民族文化，在全国少数民族文艺院团中独树一帜的团体。近年来，景颇族文化工作团演出了《景颇魂》《目瑙纵歌神韵》《春到目瑙纵歌之乡》《景颇人》《景颇日月山》等多台由石勒干编导的展现景颇族历史、文化和艺术的大型景颇舞蹈史诗，为宣传和弘扬景颇族传统歌舞艺术做出了积极贡献。

石勒干编导的作品曾多次获奖。舞蹈史诗《景颇人》获2008

年云南纪念改革开放三十周年演出二等奖，先后参加了北京、上海、昆明的国际旅游节的演出。舞蹈《景颇民兵班》《景颇姑娘选良种》，在德宏傣族景颇族自治州文艺调演中分别获一等奖、二等奖；舞蹈《请尝景颇春菜》《节日的文蚌》在滇西调演中获三等奖，《银泡》《母亲山》《哦嘫》在云南省民族民间歌舞展演中分别获二等奖。

景颇民间乐器演奏家麻腊

麻腊，1959年出生于云南省盈江县太平镇龙盆村。景颇族吹管乐器演奏家。

麻腊自幼喜爱音乐，爱好吹奏笛子。年轻时是龙盆村业余宣传队的骨干，宣传队时常到各村巡回演出，他的笛子吹奏技能越来越精湛，他吹奏的笛子曲受到各族群众的喜爱。

麻腊

1978年，麻腊进入了德宏傣族景颇族自治州歌舞团，成了吹管乐器专业演员。在工作中，他发现仅局限在吹奏单一的笛子，不利于发展景颇族音乐，也不利于开展工作，于是他开始练习吹奏和探索研究其他乐器。他经常到乡下虚心向景颇族民间艺人请教学习景颇族传统乐器的吹奏方法。1988年，他到陇川县广山村一位景颇族老艺人那里学会了吹奏巴扎（风笛），现在他已经是著名的巴扎乐师，能够用巴扎吹奏各种景颇族音乐。经过刻苦学习和训练，麻腊还掌握了勒戎松堪、洞巴、吐良、筚曼，筚郎、筚苏等景颇族传统乐器的吹奏方法，成了著名的景颇族吹管乐器演奏家。有人称麻腊“只要有孔的都会吹”，这句话包含着对他的赞扬。

麻腊不仅会吹奏景颇族的吹管乐器，而且还会制作。麻腊对景颇语称为“筚郎”的乐器进行了改进，改进以后的筚郎造型美观，吹奏起来意境优雅，音色优美，委婉动听。近几年，麻腊还专心学习傣族传统乐器葫芦丝的吹奏方法。他用葫芦丝吹奏的景颇族《瑞作》调、《山歌》调等曲调，吹奏时用鼓声敲打和吉他声结合，音调时急时缓，时高时低，跌宕起伏，有非常强的感染力。麻腊除了学习吹奏景颇族乐器外，还学习吹奏西洋铜管乐器，现在他会吹奏太阳号、大号、圆号、长号、小号、萨克斯管、长笛等。

麻腊特别擅长吹奏小号，他参加云南省第五届少数民族传统体育运动会开幕式大型文体表演《高原民族之声》时，主吹小号荣获团体一等奖；参加云南省第七届少数民族传统体育运动会文体表演时又荣获团体二等奖。因麻腊会吹奏多种乐器，1992年参加第二届滇西艺术节时荣获个人“一专多能奖”。

青年表演艺术家岳木果

岳木果，1969年出生于云南省德宏傣族景颇族自治州陇川县帮瓦村。大学专科学历，国家二级演员，就职于德宏傣族景颇族自治州景颇民族文化工作团。

岳木果

岳木果从小就喜欢唱歌，1984年，刚满16岁的她进入了德宏州景颇民族文化工作团的前身陇川县歌舞团担任声乐演员。先后被选送到德宏州歌舞团、中央民族学院进修，还被选派到广西、石家庄、昆明等地参加演出和比赛。1997年3月，她考取了云南省文化厅职工大学的声乐大专函授班。

2002年，岳木果与妹妹岳木栽合作，首开国内景颇音乐先河，最先摄制发行了《景颇俩姐妹》MTV音像歌碟，这是中国境内景颇族的第一张MTV音乐专辑。这张专辑的出版发行，结束了景颇族长期只有盒式磁带、CD或从国外获取音像制品供欣赏的局面。从2001年至今，她已经先后录制了《景颇俩姐妹》《靓丽的景颇》《我们从大山来》和《景颇哦然》等音乐专辑。

岳木果以她优美动听的歌声，多次在各级歌唱比赛中获得荣誉。其中，2001年11月参加广西国际民歌艺术节，获得了最佳歌手奖；2006年在首届云南酒歌大赛中获银奖；2008年10月在云南首届“歌唱有一个美丽的地方·大雁同心杯”比赛中获金奖；2009年在云南省新农村建设文艺会演中获单项表演一等奖；2010年在第九届中国艺术节中获最高奖项“群星奖”；2012年6月在第四届全国少数民族文艺会演中获个人最佳新人奖；2014年6月在第七届中国原生态民歌大赛中获银奖。

在2014中国德宏国际目瑙纵歌节期间，岳木果成功举办了个人演唱会。同年9月至10月，她参加云南声音艺术团代表国家文化部出访波兰、捷克、斯洛伐克、保加利亚、匈牙利东欧五国，为庆祝中国与东欧国家建交65周年，进行了为期20天9场次的巡演。除了声乐表演外，岳木果为了弘扬景颇族传统的音乐文化，尝试进行景颇族歌曲的创作，由她作词作曲的《情歌（嗯准）》和《哦然目瑙》分别获得了首届景颇好歌手好歌曲大赛好歌曲一等奖和三等奖。

在云南省优秀表演艺术人才的表彰中，岳木果被授予2014年度云南省“青年表演艺术家”称号。

中长跑运动健将思单干

思单干，1968年出生于德宏傣族景颇族自治州瑞丽市勐秀乡。大学文化。云南省著名中长跑运动员。

思单干在中学时代就在中长跑运动中崭露头角。1984年2月，在瑞丽市第一民族中学高中就读期间，思单干在德宏傣族景颇族自治州体育运动会中获800米、1 500米冠军，并打破了德宏傣族景颇族自治州的这两个运动项目纪录而被选拔到德宏傣族景颇族自治州业余体育运动学校受训。在业余体育运动学校受训期间，他刻苦训练，取得了突出成绩，至今他创造的1 500米、3 000米和5 000米的德宏傣族

思单干

景颇族自治州纪录，尚未被打破。由于成绩优异，1986年1月，思单干被选入德宏傣族景颇族自治州代表队参加云南省运动会，获得了1 500米和5 000米两项冠军。因此，被选拔进入云南省体育工作大队田径一队，从事中长跑、马拉松运动的专项训练，成了云南省体育工作大队的专业运动员。1990年9月至1993年4月，就读于上海体育学院体育系。1994年7月被调入云南省呈贡体育训练基地工作至今。

在担任运动员期间，思单干成绩突出，在国家级赛事中多次获奖。1987年，在全国田径达标赛中获10 000米跑第一名，5 000米跑第二名；1990年获中缅田径对抗赛800米、1 500米和3 000米障碍赛冠军；1990年8月，获全国田径冠军赛5 000米、10 000米第四名和第五名；1992年8月，获全国第四届大学生运动会5 000米和10 000米两项冠军。

参考文献

1. 尤中著. 中国西南的古代民族. 昆明：云南人民出版社，1980

2. 中国大百科全书·民族. 北京：中国大百科全书出版社，1986

3. 龚庆进著. 景颇族. 北京：民族出版社，1988

4. 龚佩华著. 景颇族山官制社会研究. 广州：中山大学出版社，1988

5. 周兴渤著. 景颇族文化. 长春：吉林教育出版社，1991

6. 李向前搜集整理. 目瑙斋瓦. 德宏：德宏民族出版社，1991

7. 张建章. 德宏宗教. 德宏：德宏民族出版社，1992

8. 于乃仁，于希谦. 马嘉理事件始末. 德宏自治州史志办公室印刷，1992

9. 金黎燕著. 树叶信与草桥. 昆明：云南教育出版社，1995

10. 郑绍功主编. 中华民族谁也离不开谁的故事. 青海：青海人民出版社，1995

11. 郭净等主编. 云南少数民族概览. 昆明：云南人民出版社，1999

12. 郭老景著. 景颇族风俗文化. 德宏：德宏民族出版社，1999

13. 赵学先，岳坚主编. 景颇族文化大观. 昆明：云南民族出版社，1999

14. 石木苗，闵建国. 景颇族目瑙纵歌探源. 昆明：云南民族出版社，2000

15. 韩军学著. 基督教与云南少数民族. 昆明：云南人民出版社，2000

16. 德宏傣族景颇族自治州政协文史委编. 中国景颇族山官. 德宏：德宏州民族出版社，2001

17. 勒佗·宫斓督早坚著. 景颇族创世史话. 德宏：德宏民族出版社，2001

18. 刘刚，石锐，王皎. 景颇族文化史. 昆明：云南民族出版社，2002

19. 云南少数民族图库编委会编著. 景颇族. 昆明：云南美术出版社，2002

20. 祁德川著. 景颇族风情. 呼和浩特：远方出版社，2002

21. 尚正宏著. 景颇族文学概论. 昆明：云南大学出版社，2003

22. 朵示拥汤著. 景颇族风情种种. 香港：天马出版有限公司，2005

23. 金学文，张么弄著. 中国景颇族目瑙纵歌之乡——陇川. 德宏：德宏民族出版社，2005

24. 李向前编著. 景颇族文史画册. 昆明：云南民族出版社，2007.

25. 郭思九，凡人，黎方，杨桐主编. 云南文化艺术词典. 昆明：云南人民出版社，1997

26.《景颇族简史》修订本编写组. 景颇族简史. 北京：民族出版社，2008

27. 萧家成著. 勒包斋娃研究——景颇族创世史诗的综合性文化形态. 北京：社会

科学文献出版社，2008

28.《中国少数民族》修订编委会编. 中国少数民族（修订版），北京：民族出版社，2009

29. 纳麒等主编. 云南民族记忆——远去的背影. 昆明：云南人民出版社，2009

30. 李向前，张方元主编. 当代景颇族简史. 昆明：云南人民出版社，2010

31. 中共云南省委宣传部，云南省民族事务委员会，云南省社会科学院，云南省人民政府第六次全国人口普查领导小组办公室，云南省民族学会编. 美丽家园——云南民族大观. 昆明：云南科技出版社，2012

32. 云南民族事务委员会. 云南少数民族影像志纪录片·景颇族. 昆明：云南教育音像电子出版社，2012

33. 司德专著. 司拉山之路（网络版），2012

34. 蔡雯编著. 景颇秘语. 昆明：云南人民出版社，2012

35. 赵学先. 莽林中的崛起——景颇族发展探索. 昆明：云南人民出版社，1993

36.《云南民族工作40年》编写组. 云南民族工作40年（上下册）. 昆明：云南民族出版社，1994

37. 石锐. 景颇族传统祭词译注. 昆明：云南民族出版社，2003

38. 肖耀辉，刘鼎寅. 云南基督教史. 昆明：云南大学出版，2007

39. 孟生. 缅北景颇族与其他民族的初步研究. 新仰光日报，1956年6月13日

40. 徐悉艰. 景颇族的姓名. 民族研究，1991年，第2期

41. 黄惠焜. 由“景颇现象”引发的联想——兼论建立“四江流域金四角”. 昆明：云南民族学院学报，1993年，第3期

42. 王筑生. 景颇族民族志中的食物文化. 民族艺术，1998年，第3期

43. 赵学先. 景颇族–贡晶贡萨.与–贡龙贡查制研究. 云南民族学院学报，1998年，1期

44. 马绍玺. 景颇族诗人晨宏诗歌的本土意识和文化认同关系. 中央民族大学学报，2006年，05期

45. 何翠萍. 论景颇、载瓦时间的建构与价值. 景颇族研究（第一集）. 昆明：云南民族出版社，2008

46. 赵敏，麻腊. 弘扬和传承景颇音乐文化的领头人. 德宏团结报，2007年12月27日

图片提供者

（按姓氏笔画为序）

云南省社会科学院
第 17 页
第 38 页
第 40 页（三幅）
第 44 页
第 45 页（两幅）
第 46 页（两幅）
第 47 页
第 49 页（上）
第 68 页（右）
第 80 页
第 84 页（两幅）
第 88 页（左）
第 91 页
第 96 页（上）
第 129 页（上）
第 156 页（右上）
《云南少数民族影像志纪录片·景颇族》截图
第 10 页
第 14 页
第 15 页
第 20 页
第 27 页
第 114 页（右上）
第 136 页（中）
第 137 页（下）
云南网
第 22 页
第 53 页
中国作家网
第 178 页
好搜百科
第 175 页
孔祥麒
第 119 页（中）
第 151 页（右）
石锐
第 89 页（右）
第 143 页（右）
第 176 页
石兰英
第 103 页（右上）
祁音
第 21 页
第 56 页
第 110 页（下）
第 123 页（下）
第 151 页（左上）
米志宏
第 122 页（下）
李向前《景颇族文史画册》
第 28 页
第 36 页（下）
第 37 页
第 103 页（左中、左下、右下）
第 105 页（左上）
第 107 页（下）
第 108 页（下）
第 136 页（上、下）
李怀宇
第 73 页（左）
何俊
第 13 页
何金丹阳
第 16 页
第 50 页
第 54 页（下）
第 55 页（下）
第 58 页
第 71 页
第 72 页（两幅）
第 112 页（左）
第 114 页（左上）
第 116 页（上）
第 117 页（中、下）
第 118 页（两幅）
第 154 页
第 155 页（右）
第 159 页（下）
陇川县委宣传部
第 123 页（上）
张志平 于陇川网
第 33 页
张勒定 于《瑞丽景颇族》
第 125 页
邵元武 于珠宝小镇网
第 82 页（右）
金有勒敢
第 51 页
第 67 页
第 69 页（中）
第 119 页（上）
第 121 页
第 132 页（下）
第 141 页
第 152 页（两幅）
第 153 页（两幅）
杨福泉
第 21 页
杨清舜 于陇川网
第 30 页
杨亚娟 于陇川网
第 62 页
杨永明 于陇川网
第 94 页（右上）
尚兴波 于《瑞丽景颇族》
第 111 页（下）
尚薇
第 177 页
尚德强
第 168 页
赵重天 于《瑞丽景颇族》
第 64 页
第 68 页（左）
第 151 页（左下）
赵翁胜
第 172 页
岳坚
第 173 页
岳丁
第 179 页
施晓亮
第 124 页（左）
《美丽家园—云南民族大观》
第 59 页
第 134 页
第 158 页（下）
第 160 页（上）
破了洞的袜子 于蜂鸟网
第 23 页
高志英
第 27 页
钱民富
第 57 页
第 63 页（上）
第 106 页（上）
第 115 页（左下）
第 135 页
第 142 页（两幅）
第 156 页（右下）
第 161 页
钱景泰 于《瑞丽景颇族》
第 79 页（下）
第 94 页（左）
第 150 页（上）
第 156 页（左）
曹歌
第 32 页
第 114 页（左下）
普建雄
第 18 页
第 19 页
第 28 页
第 30 页
第 34 页（两幅）
第 35 页
第 79 页（上）
第 109 页（两幅）
第 110 页（上）
第 111 页（上）
第 113 页（下）
第 114 页（右下）
第 119 页（下）
第 148 页（上）
第 157 页
第 167 页
景颇学会
第 31 页
第 65 页（下）
第 69 页（两幅）
第 77 页
第 82 页（左）
第 97 页（三幅）
第 102 页（两幅）
第 107 页（上左、上右）
第 112 页（右下）
第 116 页（下）
第 117 页（上）
第 144 页（下）
第 148 页（下）
第 163 页
第 182 页
舒迎春
第 129 页（下）
游云南旅游网
第 181 页
瑞香提供
第 164 页
第 170 页
户育乡新农村建设网
第 52 页
德宏州党务公开网
第 49 页
德宏州文化体育新闻出版局
第 179 页
蔡雯《景颇秘语》
第 139 页（下）
其他照片由作者金黎燕提供

后记

在我倾注了深厚民族情感，废寝笔耕的《走近中国少数民族丛书·景颇族》即将付梓之际，除了自己辛勤耕耘的成果即将与读者见面的喜悦之外，更多想要表达的是发自肺腑的感恩和感激之情。

感恩我的民族。因为是景颇的女儿，37年前，我有幸走进了中国少数民族的最高学府中央民族学院读书。在中央民族学院历史系的殿堂里，我有幸聆听了诸多中国民族史学界翘楚级名师的教诲。短短4年的学习生活本只是漫长人生旅程中的一个驿站，但它却为我人生的道路作了永久的铺垫。在中央民院，我储备了学科知识，储备了专业技能，储备了人生的价值观，储备了深厚的民族情感。有幸成为中央民族学院的学子，仰赖的是我的民族身份。因此，我感恩我的民族，因为她，我才从遥远的西南边地，来到祖国政治、文化中心的首都，接受了良好的教育。

感谢辽宁民族出版社。是你们构筑了《走近中国少数民族丛书》的平台，才使我有了与丛书结缘的机会。感谢张学林编辑，是你选择我作为《走近中国少数民族丛书·景颇族》的作者，才使我荣幸地加入到了《走近中国少数民族丛书》这个各民族英才济济的团队，让我有机会用我的笔通过丛书，让更多的读者走近我的民族，了解我们民族的社会历史文化风貌。同时，也给我提供了为我的民族贡献绵薄之力的机会。

感谢作为我写作参考文献的所有著者。你们汗牛充栋的有关景颇族政治、经济、社会、文化以及历史等方方面面的研究成果，让我受益匪浅。正是站在你们犹如巨人般的肩膀上，参阅了诸多你们的研究成果，拙著才得以顺利完成。在此向你们表达我的不胜感激之情。此外，在本书写作过程中还参考了大量研究论文，由于篇幅限制，难以一一列出，在此一并对文章作者表示真诚的感谢。

感谢本书所有图照的拍摄者和提供者。《走近中国少数民族丛书·景颇族》是一本图文并茂的图书，也是经笔者之手第一次创作的需要大量图照的著作。由于摄影器材档次及摄影水平所限，笔者既往自拍的图照，数量不菲，但质量不高。经反复筛选，自拍图照可用作书中配图的屈指可数。因此，书中所用图照，除自拍之外，一部分由云南省社会科学院图书馆、云南省民族学会景颇族研究委员会、陇川县委宣传部、普建雄先生、钱民富先生等机构及友人的帮助；一部分转引自公开出版发行的图书或影像作品，例如，云南民族事务委员会出品的《云南少数民族影像志纪录片·景颇族》，李向前编著的《景颇族文史画册》，中共云南省委宣传部、云南省民族事务委员会、云南省社会科学院、云南省人民政府第六次全国人口普查领导小组办公室、云南省民族学会编的《美丽家园——云南民族大观》，石锐译注的《景颇族传统祭词译注》，蔡雯编著的《景颇秘语》，瑞丽市史志办公室编的《瑞丽景颇族》等；还有一部分通过网络获取，如破了洞的袜子、杨清舜、张志平、钱景泰、赵重天、尚兴波、邵元武、杨永明、杨亚娟等人的作品，在此衷心地感谢你们，我虽未曾与你们谋面，却希望有机会能够当面表达深深的谢意。有以上各方面图照的支撑，本书才能顺利付梓。谨此深表谢意。

感谢我的景颇族同胞。在本书的写作和图照的准备过程中，得到了岳坚、排华、祁音、勒排佳丽、瑞香、杨再彭、石兰英、岳灵玉、金有勒敢、刀永华、赵翁胜、尚薇等景颇族同胞的帮助。尤其是排华，为了帮助我收集照片，花费了不少精力，在感冒发烧的情况下，拖着病体为我甄选图照。还有勒排佳丽，帮助我得到了我不曾相识的普建雄先生的鼎力帮助。谢谢你们我的景颇同胞，你们无私的帮助，激励我不计稿酬的微薄，尽力求精地花费了不少的时间及精力去向世人展示我们的民族。

感谢我供职的云南省社会科学院和民族学研究所。云南省社会科学院多年积累的民族研究田野调查资料、文献资料以及影像资料，民族学所宽松的研究环境、充裕的研究时间和灵活的研究方向，这些软、硬条件，为我顺利完成本书的写作提供了保障。

感谢我的家人。在本书写作过程中，遭肺炎侵袭，得到了丈夫的悉心照顾；在配图照尚无着落之际，妹妹和弟妹拜托朋友和熟人，四处帮助寻觅；女儿也趁回故乡德宏与爷爷奶奶春节团聚之机，为我的书稿量身补拍了所缺图照。谢谢你们我的亲人们，你们的关心、支持，给了我努力撰稿的动力。

此外，还想就两个问题略作说明。其一，景颇虽然是一个人口较少的民族，但是，景颇族的社会、历史、文化全貌，并非区区几万字所能够全面涵盖，也非笔者之功力所能及。《走近中国少数民族丛书·景颇族》一书中所展现的内容，仅是笔者之能力所及范围对景颇族社会、历史、文化发展进程的片段采撷，以期让读者能够了解景颇族的概貌。其二，当代景颇族社会中，还有许多政治、经济等方方面面的杰出人物，由于出版篇幅所限，不能在此一一收录以飨读者，深表遗憾！

金黎燕

2014年11月30日于昆明